Ursula Kraus

Im Schneckentempo

Psychomotorische Erfahrungen mit behinderten und taubblinden bzw. sehhörgeschädigten Kindern

vml verlag modernes lernen - Dortmund

Gesamtherstellung: Löer Druck GmbH, Dortmund

Bestell-Nr. 1189 ISBN 3-8080-0478-9

Inhalt

1. Einleitung

Ich sitze auf einer Bank im Sonnenschein und beobachte, wie sich langsam, aber zielstrebig eine Schnecke ihren Weg von der einen Rasenkante zur anderen bahnt. Aufmerksam bewegen sich die Fühler nach jeder Bewegung in alle Richtungen, ein kurzes Verharren und weiter geht es. Ich sehe auf die Uhr und stelle erstaunt fest, dass sich die Schnecke gar nicht so langsam bewegt, wie es mir schien. Vorsichtig lege ich einen Grashalm in ihre Bahn. Ich halte fast den Atem an, als die Schnecke den Halm berührt. Zack, sind die Fühler weg und der Körper ist einen Zentimeter kürzer. Doch schon nach kurzer Zeit schiebt sich erst der eine, dann der andere Fühler hervor. Das Hindernis ist für ungefährlich befunden worden. Der Körper streckt sich wieder und die Schnecke überwindet den Grashalm und setzt ihren Weg fort.

Was hat nun die Schnecke mit meiner psychomotorischen Arbeit mit mehrfach behinderten und taubblinden bzw. sehhörgeschädigten Kindern zu tun? Sie ist für mich einerseits fast ein Sinnbild für die Behutsamkeit und das Einfühlungsvermögen, das ich

Abb. 1

entwickeln muss, um einen Weg zu den Kindern zu finden. Andererseits steht das Bild aber auch für die Kinder, die sich im schützenden Schneckenhaus aus Stereotypien und Schonhaltungen verschanzt haben und nur in Sicherheit vorsichtig ihre Fühler ausstrecken und ganz langsam allmählich ihren Weg suchen. Sie tun das bei jedem Versuch immer nur bis zum ersten unbekannten Hindernis, ziehen sich wieder zurück und starten neu. – Hoffentlich.

Und da bin nun ich. Eine erwachsene Frau mit gesunden Armen und Beinen, Augen und Ohren, die Lust und Freude an der Bewegung und am Leben hat und infiziert ist vom Thema:

> „Bewegung lernen – Leben lernen – Bewegung hilft leben – Leben ist Bewegung."

Ich fühle mich als Suchende, Bittende dem Kind gegenüber. Ich möchte gar nicht so sehr hervor heben, dass es sich um behinderte Kinder handelt, denn in erster Linie sind es Kinder. Jedes für sich ist eine Persönlichkeit mit einem eigenen Schicksal und eigener Lebensart. In ihren Wünschen und Sehnsüchten unterscheiden sie sich wenig von gesunden Kindern. Auch wenn sie ihre Wünsche nicht direkt äußern können, ist ein glückliches Lächeln die Antwort, wenn ein Wunsch erfüllt wurde. Sei es durch ein Streicheln oder ganz einfach nur einen Schluck zum Trinken.

Ich habe zwar viel gelernt und lerne immer weiter über Pädagogik, Psychologie, Didaktik, Methodik, Bewegung und diverse Therapien. Aber diesem Kind, das zu mir gebracht wird, stehe ich zunächst hilflos gegenüber. Ich weiß nichts darüber. Wir haben uns beide nicht ausgewählt, treffen einfach aufeinander, weil es keine andere Schulmöglichkeit für dieses Kind gibt und es ja trotz seiner Behinderung (oder gerade wegen ihr!) schulpflichtig ist. Für mich ist es die Arbeitsstelle, die ich gewählt habe. Die Eltern betrachten es vielleicht als ihre letzte Hoffnung für ihr Kind und sich und legen Vertrauen und Verantwortung auf die Schultern von Lehrerinnen und Lehrern und Erzieherinnen und Erziehern, die miteinander in meiner Einrichtung mit dem gleichen Ziel arbeiten. Vielleicht ist sogar sofort Sympathie zu spüren, es kann aber auch zunächst eine große Fremdheit das Kontakt finden hemmen.

Ich stehe ja auf mir bekanntem Boden, mache meine Arbeit nun schon viele Jahre lang und konnte durch immer wieder neue Anforderungen – mit jedem Kind ist sie neu – lernen, mich darauf einzulassen. Aber das Kind, das neu in meine Gruppe kommt, wird von einem Tag zum anderen in eine fremde Welt gestellt, gesetzt oder gelegt – je nach körperlichem Vermögen. Wenn es aus dem Elternhaus zu uns gebracht und in den ersten Tagen begleitet wird, ist für uns die große Chance gegeben, etwas abzusehen und zu erfahren, was das Kind kennt und gewohnt ist. Aber wenn es schon aus einer anderen Einrichtung übersiedelt, dann wird es zwar meistens auch begleitet, hat aber schon vielfältige Fremderfahrungen im Gepäck. Wir nähern uns vorsichtig und im Schneckentempo. Häufig werde ich zu schnell, zu spontan sein und das Kind zieht sich in sein Schneckenhaus zurück. Das muss ich akzeptieren, bevor ich es vorsichtig wieder herauslokken kann.

Für Außenstehende hört sich das sehr schwerfällig an. Ich werde oft gefragt: „Wie kannst du denn so geduldig sein? Ist das nicht schwer?“ Ja, das ist es wohl. Aber es ist auch unendlich spannend und beglückend, wenn dann winzig kleine Fortschritte zu sehen sind und sich vorsichtig eine Vertrauensbasis bildet. In dieser Arbeit muss man in anderen Zeitdimensionen denken – eben im Schneckentempo.

Erst wenn diese Vertrauensebene erreicht ist, kann man nach Wegen der Förderung suchen. Einer dieser Wege ist die psychomotorische Arbeit in ihrer gesamten Breite von basaler Stimmulation über spielerische motorische Angebote bis hin zu Bewegungsgeschichten.

2. Psychomotorik – ein Weg zum behinderten und taubblinden Kind

Die Schnecke mit ihrem weichen Körper, dem schützenden Gehäuse, den wachsamen Fühlern und den vorsichtigen Bewegungen als Sinnbild für die Geduld und das Einfühlungsvermögen des Erwachsenen in der Arbeit mit behinderten und taubblinden Kindern ist der Einstieg in die psychomotorische Arbeit mit ihnen in diesem Buch.

Psychomotorik für gesunde, aber verhaltensgestörte oder auffällige Kinder – aus welchem Grund auch immer – ist bekannt. Aber bei Fortbildungen auf diesem Gebiet stellte man mir immer wieder die Frage: „Was kannst du denn nun bei deinen Kindern einsetzen?“ Ich war der „Exot“ in den Lehrgängen, denn taubblind ist nicht einfach eine Zusammensetzung von taub und blind. Während der blinde Mensch sich über sein Gehör orientieren kann und der Gehörlose „mit den Augen hören“ kann, bleiben dem Taubblinden nur Riechen, Fühlen, Schmecken. Es ergibt sich eine völlig andere, in sich geschlossene Behinderung. Und wenn diese auch noch begleitet wird von körperlichen und geistigen Behinderungen, ergibt sich ein ganz und gar neues, wenig bekanntes Therapiefeld.

Die Kinder sind in ihrer Entwicklung so stark gestört und verzögert, dass sie aufgrund ihrer Defizite kein intaktes Persönlichkeitsbild entfalten können. Deshalb ist die Psychomotorik als Bewegungsangebot mit den schwerst mehrfach behinderten Kindern so wichtig. Sie haben meist keine oder nur sehr begrenzte Bewegungserfahrung aufgrund ihrer Lebensgeschichte – oft sind es nur negative Erfahrungen. Durch lange frühkindliche Krankenhausaufenthalte, Operationen, Fixierungen zum Versorgen, übergroße Ängste der Eltern (die nur allzu verständlich sind) und die fehlenden Impulse durch Sehen, Hören, Wollen haben sich die meisten Kinder ein sicheres Schonprogramm erarbeitet. Dazu gehören auch die stereotypen Bewegungen, die ihnen Sicherheit vermitteln. Jedes Duchbrechen der Gewohnheit bedeutet Unsicherheit und ruft Abwehr hervor, verhindert so das Sammeln von Erfahrungen. Um diesen Kindern Freude am Tun zu vermitteln, ist es notwendig, sich immer wieder die „normale Entwicklung“

von Kindern ins Gedächtnis zu rufen. Wir verlieren in der täglichen Arbeit mit den behinderten Kindern sonst leicht den Blick für das Kind und die vielen Normalitäten in seinem Verhalten.

Wie soll ich also beginnen, wie kann ich Bewegungsneugier wekken? Nicht anders, als bei jedem anderen Menschen: Durch Freude, Erfolg, Wohlbefinden. Unter dem Motto, das Maria Montessori geprägt hat: „Hilf mir, es selbst zu tun“ sind wir gefordert, Mittler zu sein. Um das aber mit allen Fasern „rüber“ zu bringen, brauchen wir eigene Erfahrung und Freude an der Bewegung. Wenn unseren Kindern auch viel fehlt, so haben sie doch ein ausgeprägtes Gespür für unsere Unlust oder Freude. In unserem Fall heißt das, dass alle, die diese Kinder begleiten, die drei Empfindungen mitbringen und spürbar machen müssen. Die Kinder haben zu uns Vertrauen aufgebaut und tun vieles auch für uns. Wenn es gelingt, ihnen mitzuteilen: „Mir macht das Freude, ich fühle mich wohl mit dir, wir beide können das!“ wird jede Stunde oder jedes Bewegungsangebot gelingen. Der wichtigste Leitsatz für die psychomotorische Arbeit ist: Stärken erkennen und nutzen, Schwächen behutsam behandeln, die Persönlichkeit respektieren. Nicht das Ergebnis ist wichtig, sondern der Mensch und sein Tun und die Stärkung seines Selbstvertrauens.

Da beginnt schon die erste Schwierigkeit: Ein Kind, das taub und blind bzw. schwer hör- und sehgeschädigt und vielleicht zusätzlich geistig und körperlich eingeschränkt ist, weiß kaum etwas von sich selbst, seiner Umwelt und schon gar nichts von seinem Platz in dieser Welt. Es kennt nur das Gefühl, in seinem Körper zu sein, sich wohl oder unwohl zu fühlen. Wo sich dieser Körper befindet, ob der Kopf oben und die Füße unten, die Hände auch zu anderem fähig sind, als sich selbst zu suchen und festzuhalten, muss dieses Kind erst entdecken. Alles, was ein gesundes Kind nebenbei durch Sehen und Hören lernt, nimmt dieses Kind nicht wahr.

Wenn es z.B. mit einer Rassel spielt, spürt es nur, dass sich darin etwas bewegt, der Gegenstand hart ist. Wenn sie ihm aus der Hand fällt, ist sie weg. Das Kind sieht nicht, wohin die Rassel gefallen ist, hat es auch nicht gehört. Warum sollte es sich bewegen und die Rassel suchen? Es bleibt also liegen und wartet eine Weile. Wenn ihm die Rassel gefallen hat, schreit es vielleicht –

wenn nicht, resigniert es und nimmt einfach sich selbst zum Spielen. Es bleibt auf dem sicheren Fleck liegen, bleibt in sich selbst.

2.1 Definition

Psychomotorik als ein Weg – ein Weg von vielen, aber einer, der viele Möglichkeiten beinhaltet. Sie lässt durch das Prinzip der Ganzheitlichkeit zu, alle Methoden zu prüfen, die für das jeweilige Kind von Nutzen sein könnten. Gehe ich also einmal von dem Kind aus, das mit der Rassel spielt. Ich stelle zunächst fest:

- Was kann das Kind?
- Worauf reagiert das Kind?
- Wie reagiert es?

Das Kind kann die Rassel festhalten, sie bewegen. Es kann aber auch den Griff lösen, so dass die Rassel seiner Hand entfällt. Ganz offensichtlich hat das Kind die Bewegung in der Rassel wahrgenommen, vielleicht sogar gehört – das kann ich nicht mit Sicherheit feststellen. Da es das Spielzeug längere Zeit in der Hand behalten hat, war Interesse da. Nun, nachdem das Ding weg ist, liegt das Kind da und verharrt einen Moment. Jetzt gäbe es drei Möglichkeiten:

1. Das Kind schreit.
2. Das Kind resigniert.
3. Das Kind beginnt zu suchen.

Letzteres wäre schon wunderschön, passiert auch mal. Ich möchte aber die ersten beiden Reaktionen als wahrscheinlicher annehmen, denn daraus ergibt sich die Möglichkeit, einen Weg mit dem Kind und zu dem Kind zu finden. Wenn das Kind schreit, zeigt es deutlich seinen Unwillen und den Wunsch nach Veränderung. Ich kann recht einfach helfen, indem ich die Rassel zurück gebe – ich kann aber auch dieses Zurückgeben erweitern und das Kind anregen, sich auf eine Suche einzulassen, indem ich mit ihm zusammen mit der Rassel spiele.

Im zweiten Fall ist es komplizierter, denn dieses Kind hat schon eine Rückzugsstrategie entwickelt. Vielleicht hat es ja Freude an dem kurzen Spiel gehabt. Aber es zeigt nicht, dass der Verlust schmerzt. Es hat sich ja selber. Hier gilt es, ein Schneckenhaus zu öffnen. Ich muss mich vorsichtig nähern. Ein Ansatz dazu ist die basale Stimulation, um dem Kind seinen Körper und den Kontakt zu mir, zur Umwelt deutlich zu machen, ihm zu zeigen, dass auch eine solche Beschäftigung schön sein kann und sich vielleicht sogar „lohnt".

Damit habe ich schon eine Methode genannt, die in der Psychomotorik ihren Platz hat, denn sie will das Tor zum selbstbewussten Menschen öffnen. Selbstbewusstsein im Zusammenhang mit schwerst mehrfach behinderten Kindern? Geht das überhaupt? Sich selbst bewusst werden, wissen was der Körper ist, wo er sich befindet, was er fühlt, was er mag und nicht mag, den Körper beherrschen können – das alles sind Grundlagen zum Leben, die es erst möglich machen, neugierig darauf zu werden, was da sonst noch so alles ist und auf den Menschen zukommt.

Die Psychomotorik hat immer die Gesamtheit des Menschen im Auge und sucht ständig nach neuen Zugangswegen. Es ist gut und wichtig, sich über möglichst viele Methoden zu informieren – am besten auch selber zu probieren. Inhalte aus Yoga, Felden-

Abb. 2

krais, Bobath, Atem- und Aromatherapie, Massagetechniken usw. können in die Angebote einfließen. Natürlich werden es oft nur Ansätze sein, denn nicht ohne Grund gibt es für jedes Gebiet eine spezielle Ausbildung. Aber eine enge Verflechtung und Zusammenarbeit fördert den Erfolg.

2.2 Bewegung heißt Leben – auch für diese Kinder

Anni hockt auf den Knien. Den Kopf hat sie fest auf die Oberschenkel gedrückt. Ihre Daumen pressen sich tief in die Augenhöhlen. Der kleine Körper wippt leicht auf und ab. Nur ein leises Gurren ist zu hören. Anni ist in ihrer Welt, hat sich eingeigelt und zeigt: „Lass mich in Ruhe!“ So gefällt es ihr. Sie könnte Stunden auf diese Weise verbringen. Mehr Bewegung braucht sie nicht, scheint es ...

Anni ist taubblind und wirkt trotz ihrer sieben Jahre wie eine Vierjährige. Sie beginnt an der Hand des Erwachsenen oder mit einer Gehhilfe mit den ersten Schritten auf eingeknickten Beinen. Allmählich findet sie auch das Sitzen auf einem Stühlchen ganz interessant, wenn man sich ihr gegenüber setzt und sie in Fingerspiele und Tastspiele hineinlockt. Wenn keine Angebote gemacht werden, rollt sie sich wieder wie vorher auf dem Boden zusammen und beleckt die Tischplatte. Herzhaft lachen kann sie, wenn man über Schmusen und Kuscheln zu Reiterspielen und körpernahem Tollen auf dem Fußboden übergeht. Diese koaktiven Phasen sind nur kurz und immer wieder zieht sich Anni zurück. Wenn das nicht sofort möglich ist, kann sie genauso herzhaft heulen und wüten, wie sie vorher lachen konnte.

Sie hat einfach noch nicht entdeckt, wozu ihre Hände, Beine, Füße auch noch zu benutzen sind. Es ist mit sehr viel Anstrengung und Unsicherheit verbunden, sich aus einem gemütlichen Igelhaus herauszuwagen. Anni ist es bislang gewohnt, dass die Mutter oder der jeweils anwesende Erwachsene ihre Bedürfnisse unaufgefordert erfüllt. Zu Hause darf sie schlafen, so lange sie will, wird versorgt wie ein Kleinkind und erhält mit Engelsgeduld ihre Nahrung in Häppchen und Schlückchen in den Mund gesteckt, den sie bereitwillig aufsperrt wie ein kleiner Vogel. Dann schließt sie ihn und lutscht genüsslich auf allem herum, auch wenn es ganz matschig ist und eigentlich nur hinuntergeschluckt werden müsste. Sie zeigt nicht an, ob sie mehr haben möchte, auch ob es ihr schmeckt, kann man nur ahnen.

Neben ihr schaukelt Mona in der Hängematte. Auch Mona ist taubblind, wenn auch mit einem geringen Hörvermögen beschenkt. Wenn man nur oberflächlich hinsieht, scheint sie entspannt zu genießen. Die Arme hinter dem Kopf verschränkt, die Augen geschlossen, lang ausgestreckt, die Beine bequem übereinander geschlagen – so liegt sie da. Erst auf den zweiten Blick bemerkt man, wie stocksteif und völlig verspannt Mona ist. Ihre Augen sind keineswegs nur geschlossen, sondern fest zusammengekniffen, an den dünnen Armen treten die Muskeln hart hervor, der Bauch ist fest vorgewölbt und die Beine ragen wie starre Äste aus den Hüften. Es ist nicht zu sehen, dass sie atmet. So liegt Mona immer, so hat sie auch auf dem Fußboden oder im Bett gelegen, als sie vor 4 Jahren zu uns kam. Jetzt ist sie 11 Jahre alt, so groß wie eine Sechsjährige und kann seit ca. 2 Jahren mit großer Hilfe laufen. Nicht allein und nicht harmonisch, eher wie eine Marionette. Vom Boden aufzustehen, kommt ihr nicht in den Sinn. Er ist ihre sicherste Grundlage. Frei stehen kann sie nicht. Sie weiß einfach nicht, wo oben und unten ist und wie sie die Senkrechte ausbalancieren könnte. Oft durchzuckt sie einer ihrer spastischen Reize, weshalb sie sich dann völlig unkontrolliert von einem sicheren Halt löst und umkippt wie ein Brett. Sie fällt dann böse auf den Kopf, weil sie ihn ständig nach unten hängen lässt – was übrigens Blinde oft tun. Ihre Hände kennen nur die seitliche Bewegung oder hinter sich zu greifen, um auf die Schultern zu tippen oder den Kopf zu schlagen – dass sie stützen und halten können, ist ihr noch nicht bewusst. Ihre selbstproduzierten schnarrenden Geräusche dienen ihr zur Stimulation und Abgrenzung nach außen, so dass sie darin versinken kann, wenn sie ihre Hände an die Ohren hält und dabei fast nicht atmet. Wenn man sie leicht berührt und ihr damit zeigt „Hallo, hier bin ich“, klammert sie sich ruckartig fest, erdrückt den anderen fast und macht weitere Handlungen zunächst unmöglich. Nur langsam lockert sie diese Umarmung, wenn sie behutsam gestreichelt wird. Dann lacht sie und alle Behinderung weicht aus ihrem Gesicht.

Dann ist da noch André. Auch er ist 11 Jahre alt und blind, aber er kann hören und versucht mühsam, einige Worte zu sprechen. Seine dünnen Beine sind nicht fähig, sich zu strecken und seinen

Körper zu tragen. Mit geschickten Händen spielt er fast jede Melodie auf dem Keybord nach und lauscht andächtig, sich im Rhythmus wiegend, allem Gesungenen. Musik ist seine Welt – nicht die Bewegung. Seine Muskeln sind selbst im Schlaf gespannt und nur selten liegt er auf dem Rücken ausgestreckt, fast nur in Embryolage. Aber mit gemeinsamen Singspielen und Späßen lässt er sich aus seiner Isolation holen und genießt lauthals lachend das Miteinander.

Marlene, unser Wirbelwind, Pumuckel und Wusel, wie wir sie liebevoll nennen, zerrt dagegen oft sehr an unseren Nerven. Ihre tiefliegenden Augen sollen medizinisch blind sein. Sie irren aber ständig und unstet durch die Gegend und entdecken immer etwas: die Blätter an den Blumen auf der Fensterbank, die runde Uhr an der Wand, die Hängelampe, der man doch gut mal einen Schubs geben könnte, das runde Holzbrett und vor allem Spielzeug, das die anderen Kinder in den Händen halten. Zielsicher, aber mit wackelndem Zehenspitzengang, schlendert Marlene scheinbar desinteressiert dort hin und klaut im Vorübergehen – und steckt dann alles in den Mund. Offenbar benutzt sie ihre Zunge als dritte Hand zum Fühlen. Nur was die Zunge für gut befindet, behält sie. Alles andere fliegt in hohem Bogen ohne Rücksicht auf Verluste durch den Raum, obwohl sie das Weggeworfene dann wieder aufheben muss. Marlene ist ständig in Bewegung. Selbst wenn sie sich auf ihr Bett zurückzieht, bewegt sie durch kräftiges Beinschlagen den ganzen Körper. Nur wenn sie fest eingeschlafen ist, kehrt Ruhe ein. Trotz dieser übermäßigen Unruhe lehnt sie aber Bewegungsangebote ab oder funktioniert sie zu ihren Stereotypien um.

In der Nachbargruppe lebt Rolf. Er kam mit sieben Jahren als kleines, drahtiges, aber verstörtes Kerlchen, das unsicher auf den Beinen war, aber mit den stark fehlsichtigen Äuglein überall beteiligt war. Heute ist er ein großer, fülliger und schwerfälliger junger Mann von 20 Jahren. Nur seine Augen erinnern an das kleine Kind, das ängstlich und neugierig in die Turnhalle kam. Rolf ist nicht mehr in der Lage, längere Strecken zu gehen. Er lässt sich im Rollstuhl schieben. Sein schwerer Körper bewegt sich von allein fast gar nicht. Es gab Zeiten, in denen Rolf sich wütend gegen jede Anforderung wehrte. Er biss sich tiefe Wunden in seine Hände und schlug um sich und wurde erst wieder ruhig, wenn man ihn allein ließ. Jetzt scheint sich sein Zustand eingependelt zu haben. Er bewegt sich sehr wenig, zeigt aber durch aufmerksame Blicke, dass er dabei ist. Hören kann er fast nichts, aber leichte Schaukelbewegungen und Ballmassagen genießt er mit Musik mehr als ohne. Dann liegt ein zufriedenes Lächeln auf seinem runden Gesicht.

Ziemlich neu ist Omar, der eigentlich nur schlafend in seiner Ecke zusammengerollt anzutreffen ist. Seine langen schwarzen Wimpern liegen auf den zarten Wangen. Das Gesicht ist fast ohne Ausdruck. Man muss sehr genau hinsehen, um Arme und Beine zu entdecken. Er hat sie völlig verknotet um sich geschlungen. Nichts kann an ihn heran – könnte man denken. Aber wenn er nach anfänglichem Widerstand in seinem Spezialstuhl sitzt, den Kopf oben halten muss, beginnt sein Gesicht zu leben. Offensichtlich nimmt er seine Umwelt wahr. Große Ausdauer zeigt er beim Spiel mit einem Blecheimer, der von der Decke herunter hängt und in dem eine Kugel rollt. Mit offenem Mund und aufmerksamer Mimik presst Omar sein Ohr daran. Er ist dann auch in der Lage, sich den Eimer mit seinen Händen wieder herbei zu angeln, wenn er ihm mal entglitten ist. Legt man Omar aber nach einiger Zeit wieder auf den Boden (sitzen kann er nicht allein) werden wie durch Gummizüge seine Gliedmaßen wieder verknotet.

Das sind nur sechs von achtzig Kindern, die in der Einrichtung leben und zur Schule gehen, für die mein Angebot „Spielturnen“ gedacht ist.

Einige Kinder stehen jedoch im Kontrast zu den oben vorgestellten Kindern. Auf den ersten Blick unterscheiden sie sich wenig von „normalen“ Kinder. Aber auf den zweiten Blick fällt auf, was sie mit allen genannten Kindern gemeinsam haben: Die Hör- und Sehstörungen bzw. Schädigungen. Aufgrund dieser Tatsachen sind sie in ihrer Entwicklung retardiert. Da aber bei ihnen die cerebralen Schädigungen nicht so ausgeprägt sind, wurden sie dank intensiver und konsequenter Frühförderung und geduldiger, liebevoller Zuwendung zu fröhlichen Kindern, die laufen, spielen und lernen, wie andere Schulkinder auch. Ich will hier nicht tiefer auf die medizinische Seite oder Ursache eingehen, weil mein Anliegen die soziale Gemeinschaft, das gemeinsame Erleben, die Stärkung des Selbstbewusstseins und des Zutrauens ist. Die Schwierigkeiten, die diese Kinder haben, zeigen sich erst auf den zweiten Blick.

Beobachten wir einmal fünf Kinder einer solchen Gruppe. Silke ist 10 Jahre alt, sehr stark sehbehindert und hat trotz der Brille ein sehr eingeschränktes Sehfeld. Ohne ihre Hörgeräte ist sie fast taub. Sie ist lang und dünn und mit ihrer etwas altklugen Art eigentlich typisch Zehn. Sie wurde von früh auf so gut gefördert, dass ihre Sprache klar und recht umfangreich, fast normal ist. Am liebsten sitzt sie neben dem Erwachsenen und hört zu, was erzählt wird. Auf Fragen kann sie gut antworten. Sie ist ein sehr gehorsames Mädchen – obwohl sie langsam auftaut und auch schon etwas mehr Widerspruch entwickelt. Ihre Angst, etwas falsch zu machen, spürt man aber sehr deutlich. Ein noch so kleines Lob lässt sie um Zentimeter wachsen. Wenn Silke durch den Raum geht, merkt ein Außenstehender nicht, wie wenig sie sehen kann. Aber sowie ein fremder Raum betreten werden muss oder aber die Beleuchtung nur matt ist, wird sie unsicher und ängstlich. Beim Basteln treten dann große Unsicherheiten im Schneiden und Kleben, Malen und allen üblichen Arbeiten zu Tage. Ich werde in der Einzelförderung näher darauf eingehen. Sich einmal allein zu beschäftigen, fällt Silke schwer. Nur auf Ermunterung hin nimmt sie sich dann ein Kinderbuch, das sie schon lesen kann – wenn auch nur mühsam.

Ihr siebenjähriger Bruder gehört auch in diese Gruppe. Jan hat die gleichen Probleme mit dem Sehen und Hören und ist aber in seiner Entwicklung ca. auf dem Stand eines Vierjährigen, auch wenn seine manchmal freche „Klappe“ täuscht. Schon bei der geringsten Anforderung, die für ihn neu ist, fängt er an zu jammern „Ich kann das nicht.“ oder „Meine Hände tun weh.“ Er ist sehr erfinderisch in Ausflüchten. Dieses Jammern ist zu einer regelrechten Strategie geworden, mit der er natürlich gut voran gekommen war bei der Mutter, dem Vater, Großeltern und auch bei der Schwester. Alle halfen dem armen kleinen süßen Jungen. Wir zu Anfang auch. Mittlerweile haben wir gemerkt, dass Jan viel mehr kann, als er tut. Er braucht nur sehr viel Zeit und Geduld, dann kann er sich morgens sogar völlig alleine anziehen. Sein Selbstbewusstsein ist noch sehr wenig ausgeprägt. Er hat ständig Angst, dass er zu kurz kommt und schreit bei jeder Gelegenheit: „Und ich?“ Aber dann kann sein Gesicht auch strahlen, wenn er etwas erreicht hat und gelobt wird. Mit seiner liebevollen Kleinkind-Art hat er sich in alle Herzen geschlichen. Wenn ihn die Großen in Ruhe lassen, kann er sich hingebungsvoll mit einer Kugelbahn oder auch Autos und Eisenbahnen beschäftigen.

Die neunjährige Marie versucht, sich mit viel Vitalität und Neugier ihren Platz zu erkämpfen. Sie ist ein drahtiges, körperlich normal entwickeltes hübsches Mädchen. Auch ohne Brille kann sie sehen, aber mit Brille scheint es sehr viel genauer zu sein. Sie hört trotz der Hörgeräte sehr schlecht. Ihre Sprache ist zwar ungemein lebhaft, aber für Uneingeweihte kaum zu verstehen. Wenn man sich mit ihr unterhalten will, müssen Gebärden das Wort unterstützen. Marie zeigt das typische Verhalten tauber Menschen. Immer argwöhnt sie, dass man ihr etwas vorenthält und will immer wissen, was man gerade mit anderen gesprochen hat. Meistens versuchen wir, diesem Wunsch zu entsprechen. Aber es gibt eben doch manches, was sie gar nichts angeht. Dann ist sie für kurze Zeit etwas eingeschnappt. Das hält allerdings nicht lange an. Dafür ist sie zu lebendig. Alles, was sie tut, will sie so schnell wie möglich erledigen und vor allem alleine. Dadurch gelingt nicht immer alles zu ihrer Zufriedenheit, wodurch sie wiederum noch umtriebiger wird. Alleine kann sie sich nur schlecht beschäftigen. Meistens zwängt sie sich zwischen die Spiele der anderen bzw. versucht, diese nach ihrer Vorstellung zu dirigieren. Sie ist sehr dominant, braucht aber auch so viel Aufmerksamkeit, weil sie eben nicht einfach nebenbei etwas hört. Marie braucht viel Bewegung, die sie auf dem Trampolin z.B. recht wild auslebt.

Sophie, eine zarte Achtjährige, ist so groß wie eine Sechsjährige. Sie trägt von der Hüfte an Schienen, da sie eine cerebrale Bewegungsstörung hat, die es ihr ohne Schienen fast unmöglich macht, auch nur frei zu stehen. Es ist beeindruckend, wie gut sie sich mit ihren Schienen bewegt. Sie ist sehr neugierig, aber auch in ihrer Sprache zeigt sich ein Spasmus wie auch in ihren Fingerbewegungen. Fröhlich mischt sie in der Gruppe mit oder zieht sich zu Gesprächen mit einer Handpuppe zurück. Trotz ihrer Behinderung gelingt es Sophie, vorgezeichnete Motive exakt auszuschneiden, anzumalen. In der Stiftführung ist sie sehr zaghaft. Am liebsten unterhält sie sich in der „Und dann...-Methode“ und verwickelt jeden in endlose Frage- und Antwortspiele. Sie hat eine recht ausgeprägte Phantasie und benutzt fiktive Gestalten, um Selbstgespräche zu führen. Fasziniert ist sie dabei von ihrem Spiegelbild. Sie hat ein gutes Gedächtnis und vergisst kaum etwas, was sie gelernt hat. Häufig allerdings wirkt sie wie abgeschaltet, wenn es zu anstrengend und lang war, was auf dem Stundenplan stand. Sie fährt jeden Tag nach Hause und hat dort noch zwei Geschwister.

Katja ist die jüngste in der Gruppe, ist aber für ihre sieben Jahre gut gebaut – um nicht zu sagen, sehr kompakt. Sie zeigt zwar großes Interesse an ihrer Umwelt, reagiert jedoch nur auf ganz direkte Ansprache. Ihr wurde ein Cochlear Implant eingesetzt, das ihr offensichtlich gute Höreindrücke vermittelt. Immer wieder durchbricht sie die aufgestellten Regeln und versucht, ihre eigene Vorstellung von Ordnung durchzusetzen und stört Gruppenstunden durch Ausreißen oder Wüten. Motorisch ist sie sehr gut entwickelt und versteht auch, was man ihr sagt. Außerhalb der Gruppenaktivitäten beschäftigt sich Katja nur allein und möglichst in sicherem Abstand zu anderen Menschen. Immer wieder überfällt sie das Verlangen nach Essbarem, das sie überall sucht und oft auch findet. Sowie man sie aus den Augen lässt, verschwindet sie. Sehr oft musste sie schon im ganzen Haus gesucht werden. Sie scheint dieses Versteckspiel zu genießen und zeigt kein schlechtes Gewissen. Langsam aber stetig nimmt sie uns alle wahr und sortiert uns ein. Auch Katja fährt jeden Tag nach Hause. Sie muss alleine gefahren werden, weil sie sonst während der Fahrt Schwierigkeiten macht.

An den Spielturn-Nachmittagen können Sophie und Katja nicht teilnehmen, weil sie nachmittags zu Hause sind. Silke, Marie und Jan gehen jedoch sehr gern dorthin und bringen Leben hinein, weil sie eben viel mobiler sind als die übrigen Teilnehmer. Es ist für sie eine gute Möglichkeit, die anderen Kinder des Internats kennen zu lernen und völlig ungezwungen die Angebote in der Halle zu nutzen. Silke und Marie gehen seit kurzer Zeit außerdem in eine Kindergruppe des örtlichen Turnvereins. Dort haben sie aber große Schwierigkeiten, mit den anderen Kindern zu kommunizieren und auch in den sportlichen Fähigkeiten mitzuhalten. Ohne eine begleitende Erzieherin wäre das noch nicht möglich. Aber wir möchten die Chance nutzen, auch einmal außerhalb der Einrichtung eine Betätigung und Anschluss an andere Kinder zu finden. Wie weit das gelingen wird, wissen wir noch nicht. Erste Kontakte zeichnen sich ab.

3. Entstehung des Spielturnens

In unserer Einrichtung erhält jedes Kind individuellen Einzelunterricht. Das liegt daran, dass jedes Kind gravierend andere Defizite als das andere hat. Allein Blindheit hat eine enorme Spannweite in der Auswirkung von z.B. 50% Sehfähigkeit bis zu völliger Dunkelheit. Ebenso geht es von Schwerhörigkeit bis zu völliger Taubheit und damit verbunden von Sprache bis zu Stummheit. Eine geistige Behinderung lässt sich häufig nicht ausschließen. Aufgrund der primären Behinderungen ist dann auch die motorische Entwicklung stark retardiert, so dass häufig als sekundäre eine körperliche Behinderung, wenigsten jedoch eine Haltungsschädigung vorhanden ist, wenn nicht ohnehin durch cerebrale Störungen eine Bewegungsbeeinträchtigung vorliegt. Durch mannigfaltige schlechte Erfahrungen (schmerzhafte Behandlungen, lange Krankenhausaufenthalte, übergroße Fürsorge) ist das Selbstbewusstsein dieser Kinder gestört bzw. unterentwickelt. Vorsichtshalber beschränken sie sich auf sich selbst. Das wird durch Einzelunterricht nicht besser. Natürlich werden auch Gruppenstunden und Stuhlkreise angeboten. Das mögen aber nur zwei von vier Kindern gern.

Sport- und Schwimmstunden, die jeweils zweimal pro Woche auf dem Stundenplan stehen, werden von einem Erwachsenen begleitet. Eine Öffnung und ein Erleben von Gruppe ist nur sehr eingeschränkt möglich. Das Kind bleibt auf den Erwachsenen bezogen. Mit Blick auf die Beeinträchtigungen der Kinder lässt sich das auch nicht ohne weiteres lösen.

Als überzeugte Psychomotorikerin war ich mit dieser Situation unzufrieden und suchte nach einem Ausweg, bzw. einer Erweiterung der Möglichkeiten. Da die Arbeit einer Erzieherin im Frühdienst – also in den Schulzeiten – keinen Raum für größere eigene Aktionen lässt, denn der Unterricht muss begleitet werden und die eigene Gruppe steht im Vordergrund, versuchte ich es mit einem Nachmittag in der Turnhalle.

Zu Beginn bekam ich auf meine Umfrage Antworten wie: „Du weißt doch, wie ungern unsere Kinder turnen!“ Trotz der qualifizierten Ausbildung aller Kolleginnen und Kollegen, in der auch ansatzweise von Psychomotorik gesprochen wurde, hatte kaum jemand wirklich eine Vorstellung von den Inhalten und Zielen. So startete ich einfach mit einem kurzen erklärenden Rundschreiben und dem O.K. des Leiters – und schon der erste Nachmittag war ein Erfolg auf allen Ebenen.

3.1 Ziele und Inhalte der Spiel-Turnstunden

Der Name Spielturnen entstand auf der Suche nach einer passenden Gebärde, mit der den Kindern das Unternehmen angekündigt werden konnte. Turnen und Turnhalle löste bei den meisten nicht gerade Begeisterung aus. Darin unterscheiden sie sich wenig von „normalen" Schülern. Wer sich einmal in die Eingangshalle setzt und die Kinder und ihre Begleitung beobachtet, wenn sie auf dem Weg zur Turnhalle sind, spürt etwas von den mannigfaltigen Gefühlen der Kinder und Begleiter. Nicht jede Erzieherin oder Erzieher ist ja von Natur aus sportbegeistert!

Die Kinder haben viele unangenehme Erfahrung mit Bewegung gemacht und selten Erfolgserlebnisse, die auch genügend Beachtung finden. Ein Kind, das nicht richtig sieht und hört, hat enorme Ängste vor jeder Veränderung seiner Position, wenn sie gefordert und nicht selbst gewollt ist. Viele haben erst mit drei bis sechs Jahren, manche noch später, laufen gelernt und das oft ohne die beim Kleinkind üblichen Vorstufen: Sitzen, Robben, Krabbeln, Stehen. Am wohlsten fühlen sie sich daher auf dem Boden liegend, der ihnen sicheren Kontakt bietet. Aus dem gleichen Grund entsteht auch stereotypes Spielverhalten, d. h. dass sie immer den gleichen Gegenstand auf die gleiche Weise benutzen. Auch das verleiht Sicherheit. Diesen sicheren Raum, immer wiederkehrende Handlungen, konstante Personen und Beziehungen sind ein ganz wichtiger Entwicklungsfaktor. Es ist eine Gratwanderung, etwas Neues einzuführen und dazu den richtigen Rahmen und Zeitpunkt zu finden. Voraussetzung dafür ist das völlige Vertrauen des Kindes und eine stimmige Atmosphäre.

Ein geistigbehindertes Kind hat meistens eine erhebliche Verständnis-Verzögerung und kann aneinander gereihte Aufforderungen und Handlungen überhaupt nicht nachvollziehen. Es macht also ständig die Erfahrung, alles falsch zu machen, immer hinterher zu hinken. Deshalb ist es nicht in der Lage, sich entsprechend zu konzentrieren und schafft es nicht, Eindrücke der Augen und Ohren mit den Gedanken und Handlungen zu verbinden. Es handelt scheinbar sinnlos oder konfus und schaltet einfach ab, klinkt sich aus dem unüberschaubaren Geschehen aus.

Kinder mit körperlichen Behinderungen sind seit frühester Kindheit durch zahlreiche Krankengymnastik- und Therapiepraxen geschleust worden, in denen sie trotz des guten Willens und der Zuwendung der Therapeuten leidvolle, schmerzhafte Erfahrungen gemacht haben – ich denke an Vojta und auch an orthopädische Hilfsmittel wie Schienen und Korsetts. Sich damit freudvoll zu bewegen, ist ein fast unmögliches Unterfangen. Ich meine damit nicht, dass sie nicht nötig sind, aber ich erinnere mich an viele Gespräche mit Fachärzten, die durch meine zweifelnden Fragen erst darüber nachdachten, dass dieses Kind, das ich ihnen vorstellte, nicht nur aus Skelett, Bändern und Sehnen besteht. Kindern, denen die Verbindung der Außenreize mit dem Gehirn fehlt, nützen die Impulse, die solche Hilfsmittel auslösen wenig. Ich behaupte sogar, dass die Entstehung von Bewegungsmustern verhindert wird. Ganz davon zu schweigen, dass der Anreiz zur Bewegung auch geschient und ins Korsett gepresst wird. Hier einen guten, für jedes Kind individuell passenden Kompromiss zu finden, sollte die gemeinsame Aufgabe von Ärzten, Therapeuten, Pädagogen und Eltern sein.

In der Spielturnstunde treffen alle vorab beschriebenen Kinder aufeinander. Bewusst möchte ich keine Anmeldung oder Teilnahme-Begrenzung. Mir geht es um eine Öffnung der Turnhalle für jeden, auch spontan. Am liebsten hätte ich das an jedem Nachmittag, auch auf die Gefahr hin, dass nur ein Kind da wäre. Aber das ist eine Utopie und ich bin sehr froh, dass alles nun schon seit gut 10 Jahren so lebhaft läuft. Diese Stunde ist zu einer festen Institution geworden, wird von durchschnittlich 15 Kindern und 10 Erwachsenen besucht. Auch in der Leitung stehe ich nicht mehr alleine da, sondern eine Kollegin und ein Kollege arbeiten mit und haben sich in die Thematik der Psychomotorik eingearbeitet.

Der Ablauf der Stunden verläuft in einem festen Rahmen, der Schwerpunkt wechselt und lehnt sich an Themen der jeweiligen Jahreszeit an und beinhaltet immer Einzel- und Gruppenerfahrungen. Dadurch ergibt sich eine gute Möglichkeit, die Kinder zu beobachten und festzustellen, welche Vorlieben und Stärken sie haben und auch, welche Gebiete stärker zu fördern sind. Für die meisten Kinder ist es eine der seltenen Möglichkeiten, Gemeinschaft zu erfahren und wenigstens zu spüren, dass sie nicht alleine sind. Auch für die Erwachsenen bieten sich Ansatzpunkte zum Austausch und zur Anregung, was man von den Inhalten in die Gruppe mitnehmen kann.

3.2 Ablauf einer „Spielturn-Stunde“

Ein wiederkehrender Rahmen mit Musik und eine gleichbleibende Hallenaufteilung sind die Basis jeder Stunde. Das besondere, ständig wechselnde Angebot nenne ich den „Bonbon“. Es richtet sich nach der Jahreszeit oder anderen aktuellen Anlässen.

Die Halle bietet im vorderen Bereich Möglichkeiten für die beweglichen Kinder, sich zunächst etwas auszutoben, z.B. mit Rollbrettern oder beim Klettern und Springen. Dabei wird darauf geachtet, dass die Grenzen eingehalten werden, um andere Kinder nicht zu gefährden.

Auf der linken Hallenseite reizt der Aufbau zum Schaukeln und Schwingen an Ringen, Tauen oder in Hängematten und über Rollen usw. Dahinter entstehen je nach Phantasie Berge zum Kullern und Rollen und eigenständigem Erklimmen. In einer Ecke liegen Matten und Decken und verschiedene Materialien zum Massieren bzw. Abrollen der Kinder. Auf der rechten Hallenseite, an der Fensterfront, ist durch Bänke ein Quadrat entstanden, in das ein großes Tuch (aus 4 alten Betttüchern hergestellt) gelegt ist. Griffbereit ist immer das Material bereitgestellt, das für das „Thema“ gebraucht wird. Möglichst so, dass die Kinder es nicht zu früh entdecken und sich damit selbstständig machen – auch wenn ja Selbstständigkeit das höchste Ziel der Erziehung ist, geht es hier um das vielleicht schwierigere Ziel der Gemeinsamkeit.

Wir beginnen die Stunde gemeinsam mit Musik. Je ein Erwachsener und ein Kind gehen – so gut wie möglich – zur Musik durch die Halle. Das geht auch mit Krücken oder dem Rollstuhl, weil sich jeder in seiner individuellen Geschwindigkeit zur Musik bewegt. Die Menschen, die sich begegnen, begrüßen sich durch Berührung, Gebärdensprache oder auch durch Lormen, dem speziellen Handalphabet der Taubblinden. So erfahren alle Kinder, wer dabei ist und dass sie nicht allein sind. Erst nach dieser Begrüßung werden die Bewegungsangebote den Kindern näher gebracht und sie wählen, was sie am liebsten tun möchten. Dazu liefert eine ruhige Musik den Hintergrund. Diese Musikabschnitte sind gleichzeitig Zeitangaben, die ich vorher abgesprochen habe, damit ich nicht bei jeder Änderung durch die Halle rufen muss. Wenn diese Hintergrundmusik zu Ende ist, versammeln sich alle im Bankquadrat.

Im „Bonbon" geht es immer um Material- und Sozialerfahrung und Wahrnehmung mit allen Sinnen. Während zuerst die Handlung von den Erwachsenen an die Kinder herangebracht wird, ist dann genügend Zeit zum eigenen Erproben, wobei die Erwachsenen lediglich darauf achten, dass kein Kind ein anderes stört. Erst wenn die ersten Ermüdungserscheinungen auftreten, gehen wir zum Abschluss über.

Während die Anfangs- und Hintergrundmusik ca. jährlich wechselt, ist seit Jahren der „BINGO" von fidula fon geblieben. Dieser Tanz wird bei uns geturnt oder bewegt ... jedenfalls nicht im üblichen Sinne getanzt. Je nachdem wie beweglich die Kinder der Stunde sind, variiert auch der Tanz und findet mal im Sitzen und mal im Gehen bzw. Stehen statt. Hier sind die Erwachsenen besonders gefordert, denn nur sie können den Rhythmus und die Bewegung auf die Kinder übertragen. Es ist ein sehr enger Körperkontakt nötig.

Zum Schluss der Stunde wird gemeinsam aufgeräumt, was die Zirkusmusik ankündigt und untermalt. Die Kinder verabschieden sich mit glücklichen, zufriedenen Gesichtern. Die Großen sehen meist etwas gerötet und abgeschlafft aus, aber nicht weniger zufrieden. Wer die Atmosphäre dort selber erlebt hat, kommt auch wieder. Er hat begriffen, was mit den Menschen in einer psychomotorischen Bewegungsstunde passiert:

Er nimmt sich als Ganzes wahr. Er fühlt, er riecht, er spürt, er bewegt sich, er erobert den Raum, er genießt die Berührungen und die Gemeinschaft, er erlebt die Grundlage des Lebens: Bewegung!

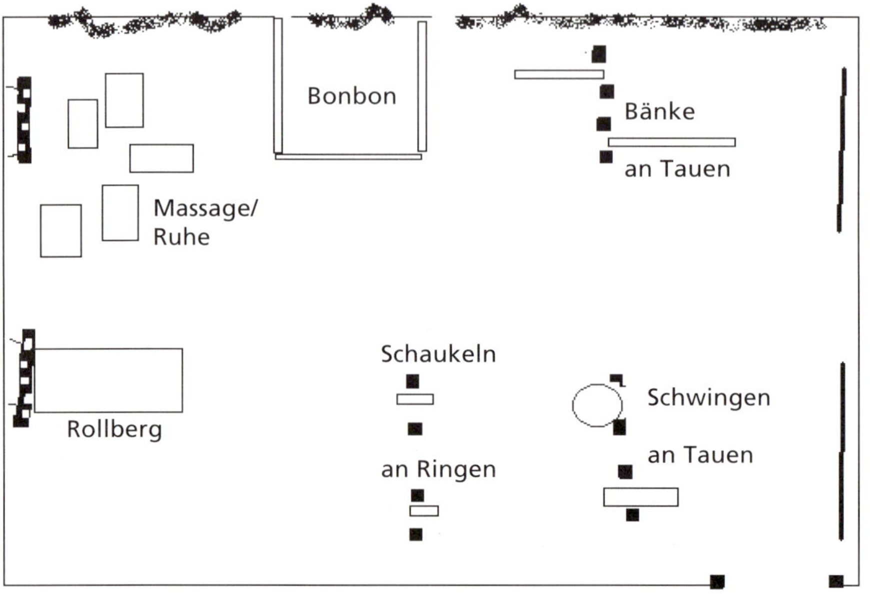

Skizze 1: Aufteilung der Halle

Abb. 3

Abb. 4

Abb. 5

Abb. 6

Abb. 7

3.3 Themen in der Spielturnstunde – Der „Bonbon“

Während der Rahmen der Stunde gleich bleibt, wechselt der „Bonbon-Inhalt“. Darauf beziehen sich die Themen-Angebote. Um die ganze Breite an Möglichkeiten in der psychomotorischen Arbeit auch nutzen zu können, fasse ich meine Angebote in Themenkreise. Im Spielturnen richte ich mich zunächst nach den Jahreszeiten. Bei der Planung der Stunden stelle ich mir die Fragen:

- Was ist zu sehen?
- Was ist zu hören?
- Was ist zu fühlen, zu spüren?
- Was tut man jetzt vorrangig?
- Wie bewegt man sich?
- Welche Materialien passen?
- Brauche ich Musik – welche?

Immer geht es um das systematische Abklopfen von Didaktik und Methodik und um Spurensuche in meiner kleinen Erfahrungskartei, die sich zwar orientiert an allgemein üblichen Angeboten, aber viel individueller ist. Häufig ergeben sich auch weitere Themen aus vorher gegangenen Stunden und dort aufgetretenen Problemen oder Interessen.

In diesem Zusammenhang möchte ich noch einmal ganz deutlich daran erinnern, dass für behinderte Kinder besonders (für andere Kinder auch!) Wiederholungen ungemein wichtig sind. Nur durch Wiederholungen festigen sich Erlebnisse. Nur durch bewusste Erlebnisse sammelt der Mensch Erfahrung. Und wiederum durch Erfahrung bildet das Gehirn abrufbare Muster von Bewegungen und Verhalten – positive wie negative. Das darf nie außer Acht gelassen werden, damit von vornherein möglichst viele Erfolgserlebnisse erfahren werden und sich eine positive Einstellung zum Körper und seinen Bewegungen festigen kann. Es gilt also immer der bewährte Ansatz:

- Vom Leichten zum Schweren.
- Vom Bekannten zum Unbekannten.
- Vom Alten zum Neuen.
- Loben statt Rügen.

Und das alles mit dem Blick auf die Schnecke: behutsam, langsam, zielgerichtet.

3.3.1 Im Winter

Zu sehen ist:

- Oft grauer Himmel, aber auch strahlender Sonnenschein und blauer Himmel.
- Es wird früher dunkel.
- Weiße Schneeflocken
- Dicke Regentropfen
- Früh eingeschaltete Straßenbeleuchtung
- Kahle Bäume
- Vermummte Menschen
- Rote Nasen
- Schneeräum- und Streu-Fahrzeuge

Zu hören ist:

- Winterstürme
- Kinderlachen beim Rodeln
- Knirschen des Schnees unter den Füßen
- Knacken des Eises
- Krähengeschrei
- Weihnachtsmusik

Zu fühlen ist:

- Kälte im Gesicht und an den Händen
- Frieren am ganzen Körper
- Der Schnee, erst kalt, dann warm, dann feucht.
- Wind
- Wärme beim Kuscheln

Beschäftigungen:

- Kuscheln
- Rodeln, schlittern, rutschen
- Schneemann bauen
- Schneeballschlacht
- Geschenke verpacken
- Basteln

- Fasching feiern
- Verkleiden
- Nachahmen

Bewegungen:

- vorsichtig, weil es glatt ist
- schnell beim Rodeln
- gleiten beim Schlittschuhlaufen
- großräumig beim Skilaufen

Musik:

- Winterlieder
- Entspannungsmusik
- Klassik
- Zirkusmusik
- Faschingsmelodien

Nach diesen Vorüberlegungen plane ich nun die Bonbons, aber auch der Rahmen der Stunde, d. h. die freien Bewegungsangebote werden an die Thematik angepasst. So finden sich hier die Überlegungen zum Punkt Bewegungen wieder:

An der Sprossenwand an der hinteren Hallenwand sind zwei Langbänke eingehängt, auf denen die große Weichbodenmatte liegt. Das ist in diesem Themenkreis unser Rodelberg. Die Kinder können seitlich an den freien Sprossen hinaufklettern oder die daneben gestellten kleinen Kästen als Hilfe nehmen – oder sie werden auch hinaufgehoben. Wie sie den Berg dann abwärts bewältigen wollen, ist ihnen freigestellt. Man wird gut beobachten können, welche Kinder sich schon um ihre Längsachse drehen können (ganz wenige). Die meisten rutschen mehr oder weniger von allein den Abhang hinunter und müssen unten „gerettet“ werden, damit sich nicht überrollt werden.

Als Schlitten, die kreuz und quer durch die Halle gezogen werden, dienen alte Wolldecken und kleine Matten, unter denen ein Rollbrett liegt. Als Riesenbob bewegt sich eine Langbank auf zwei Rollbrettern durch die Halle. Bei diesen Verkehrsmitteln sind die Muskeln der Begleiter gefragt. Das gilt für fast alles, denn die Phantasie der Kinder ist nicht so entwickelt, dass sie tatsächlich mit meinen Vorschlägen selbst etwas anfangen könnten. Nur die

Freude der Erwachsenen und ihr Mitmachen kann den Spaß an der Bewegung übertragen. Nur wenige Kinder können dann z.B. Staubtücher unter den Füßen als Skier oder Schlittschuhe benutzen.

In diesem Zusammenhang fällt auch auf, dass es unbedingt notwendig ist, für die beweglicheren und temperamentvolleren Kinder genügend Raum zu bieten, in dem sie sich austoben können und die schwächeren Kinder nicht stören oder gar verletzen. Im vorderen Hallenbereich ist deshalb immer Freiraum, in dem sie dann mit Rollbrettern oder Minitramp erst einmal „Dampf" ablassen können.

3.3.1.1 Bonbon: Grauer Himmel, Sturm, Kuscheln

In dem Bank-Quadrat liegen und sitzen alle Kinder, nachdem sie die Halle durchforscht haben. Die Erwachsenen sitzen auf den Bänken und halten ein dunkles Schwungtuch über die Kinder. Ganz sacht wird das Tuch zunächst bewegt. Ich erzähle dazu:
„Der Herbst ist vorbei. Langsam zieht der Winter ein. Es wird immer früher dunkel und die Sonne scheint nicht mehr so oft. Dicke Wolken ziehen auf und der Wind wird immer stärker." Das Tuch wird nun schon heftiger bewegt. Den Kindern darunter stehen die Haare zu Berge. „Manchmal gibt es auch einen Wintersturm. Dann rauscht und bollert es an den Fenstern. Die Kinder machen sich ganz klein, damit sie nicht weggeweht werden." Nun schwingen alle das Tuch so schnell und stark, dass wirklich Geräusche zu hören sind. Die Kinder lieben das fast ausnahmslos und quietschen vor Vergnügen. „Aber auch der stärkste Sturm ist mal vorbei. Plötzlich ist es ganz ruhig." Dabei schwingen alle das Tuch gleichzeitig, so dass ein Gewölbe entsteht, unter dem nun alle ganz still sind. Während des Schwingens ertönt leise Meditationsmusik. (Gut eignet sich „Relax with … Desert winds", Pilz Music, Inc.) Einige Minuten lassen wir die Stille auf uns einwirken. Dann wird das Tuch zur Seite gezogen.

Alle setzen sich auf die Bänke zum Abschluss mit dem „BINGO".

Eine solche Aktion genießen die schwächeren, stillen Kinder ebenso wie die lebhaften. Anni z.B., die sonst kaum ihre Hände benutzt, streckt begeistert ihre Arme aus, wenn sich das Schwungtuch hebt und erwartet die erneute Berührung beim Absenken.

Sie genießt den Wind. Marie aber, die während der Stunde überall herumgetobt ist und völlig verschwitzt in die Bankgruppe gekommen ist, wird ruhig und erholt sich durch den frischen Luftzug. Silke und Jan jauchzen fröhlich beim Anblick der durch die Bewegung des Tuches aufgeladenen Haare, die nun lustig zu Berge stehen. Alle sehen aus wie kleine Struwwelpeter.

3.3.1.2 Bonbon: Dunkelheit und Licht – Glühwürmchen

Da gerade schwer sehgeschädigte Kinder oft große Angst vor völliger Dunkelheit haben, muss man sehr vorsichtig sein. Dieses Angebot kann ich nur machen, wenn jedes Kind eine Begleitung hat und sich geborgen fühlen kann.
Als Vorspann für das Glühwürmchen greifen wir das Laternegehen auf. Alle, die eine Laterne mit Batteriebetrieb haben, bringen sie mit. Nach dem Bewegungsteil wird das Licht in der Halle ausgemacht und alle gehen mit ihren Laternen umher, bis wir uns auf den Bänken zusammensetzen.

Wir singen ein Laternenlied, z.B. „Auf den Straßen auf und nieder leuchten die Laternen wieder...“ dazu schwenken wir die Laternen. Zum Schluss werden die Laternen hinter die Bänke gelegt. Nun ist es ganz dunkel. Einen Augenblick lassen wir die Dunkelheit auf uns wirken.

Dann nehme ich meine Taschenlampe und führe den Lichtkegel ganz langsam von mir hinüber zu einem Kind. Der Schein klettert von den Füßen an den Beinen hoch bis ins Gesicht und langsam wieder hinunter und zurück. Es herrscht fast atemlose Spannung. Ich wiederhole alles. Wenn das Kind mag, steht es dann auf und folgt dem Licht und kommt zu mir (mit Begleitung). Eine andere Taschenlampe erscheint und das Spiel geht weiter.

Mich fasziniert, wie schnell die Kinder ihre Angst vergessen und nach den Lichtpunkten greifen und sich orientieren. Wenn fast ausschließlich Kinder teilnehmen, die nicht laufen können und auf dem Boden sitzen, spielen wir das Ganze im Bankquadrat sitzend. Die Lichtkegel werden dicht neben den Kindern auf den Boden geworfen, so dass sie mit den Händen danach patschen können.

Für Silke, Jan und Moni wird alles noch interessanter, wenn sie die Taschenlampen führen dürfen.

3.3.1.3 Schnee – Schneeräumer (mit Papier)

Der Boden des Bankquadrats ist mit Papier ausgelegt. Noch habe ich das Endlos-Computer-Papier, das aber immer weniger benutzt wird. Man kann auch Zeitungspapier nehmen, aber das färbt meistens sehr. Sehr schön ist Blumen-Einwickelpapier oder Packpapier. Wichtig sind größere zusammenhängende Bahnen. Die Kinder liegen oder sitzen auf der „Schneefläche“, während ich mit einer langen Papierbahn über ihren Köpfen hinweg wedele: „Der Winterwind weht.“ Die Kinder greifen nach dem Papier und dürfen es zerreißen, bis sie von vielen Flocken umgeben sind. Zu: „Es schneit, es schneit!“ greifen sie in die Flocken, werfen sie hoch über ihre Köpfe. Es sieht lustig aus, wenn alle völlig mit Papierflocken übersät sind. Wir stehen auf und schütteln den Schnee von uns, laufen und krabbeln darin herum, bis der Schneeräumer kommt – ein Karton, der mit der Öffnung nach vorn durch den „Schnee“ geschoben wird. Alle Kinder fegen den Schnee hinein. Wenn der Schneeräumer einmal umkippt, wird das mit Juchzen zur Kenntnis genommen und das Räumen zieht sich etwas in die Länge.

3.3.1.4 Schneemann – Schneebälle

Der Boden ist wie vorher ausgelegt. Auch der Anfang mit dem Schneewind beginnt wie oben beschrieben. Doch dieses Mal werden keine kleinen Flocken gerissen, sondern größere, die dann zu Schneebällen geknüllt werden können. Zunächst entsteht eine Schneeballschlacht, auch in die Kleidung können die Bälle gesteckt werden. Dann wird aus drei bereitgestellten Kartons (nicht zu stabil, damit der Erfolg leichter zu erzielen ist) ein Schneemann gebaut, den die Kinder abwerfen können. Zum Schluss kommt wieder der Schneeräumer.

3.3.1.5 Schnee und Eis (mit Styropor und Malerfolie)

Wieder gibt es den Papierboden. Doch dieses Mal lege ich eine Malerfolie darüber. Die Kinder ziehen die Turnschuhe aus, weil sie dann auf Strümpfen etwas rutschen können. Wenn sie das genügend ausprobiert haben, legen sich alle auf den Rücken. Die Erwachsenen halten über die Kinder noch eine Folie und rascheln und wedeln zunächst damit – wieder der Wintersturm.

Dann kippe ich auf diese Folie aus einem großen Karton Styroporflocken (am besten die, die aus einer Maismasse gemacht sind, die sind ungefährlich, wenn sie in den Mund gesteckt werden). Zum Lied „Schneeflöckchen, Weißröckchen..." wirbeln wir die Flokken hoch und durcheinander. Da die Folie sehr leicht ist, kann sie tief auf die Gesichter der Kinder hinuntergesenkt werden. Das finden sie erstaunlich lange schön. Und stürzen sich danach mit Freude ins Schneegestöber, wenn der Folien-Inhalt umgekippt wird. Am Ende sorgt wieder der Schneeräumer für Ordnung. Doch bei diesen Schneeflocken macht es mehr Spaß, wenn der Schneeräumer nicht einfach umkippt, sondern einige Male über den Köpfen ausgekippt wird. Da auch auf dem Boden eine Folie liegt, ist das Aufräumen nicht schwer. Man kann einfach alles zusammenfalten.

Abb. 8

3.3.1.6 „Geschenke" einpacken

Noch ein „Bonbon" mit Papier. Nach dem Bewegungsprogramm liegen alle Kinder wieder im Bankquadrat, das üblicherweise mit einem großen Tuch ausgelegt ist, auf dem Bauch. Damit sie zur Ruhe kommen und auf die dann folgende starke Berührung vorbereitet sind, rollen wir mit Papierbällen zu einer ruhigen Musik die Körper ab.

Dann setzen sie sich auf und werden mit Papierbahnen umwikkelt. Dieses Mal kann man auch Toilettenrollen nehmen, allerdings ist die Geräuschentwicklung besser und eine zusätzliche Erfahrung für die Kinder, wenn Blumen- oder Computerpapier verwendet wird.

Nach meiner Erfahrung lassen die Kinder es geschehen, verharren in dieser ungewöhnlichen Aufmachung, bis sie dann versuchen, sich aus der Umhüllung zu befreien. Das Papier kann mit den Füßen zusammengeschoben und dann von allen zusammen in einen Sack gestopft werden, den alle herumreichen und schieben oder tragen können.

Abb. 9

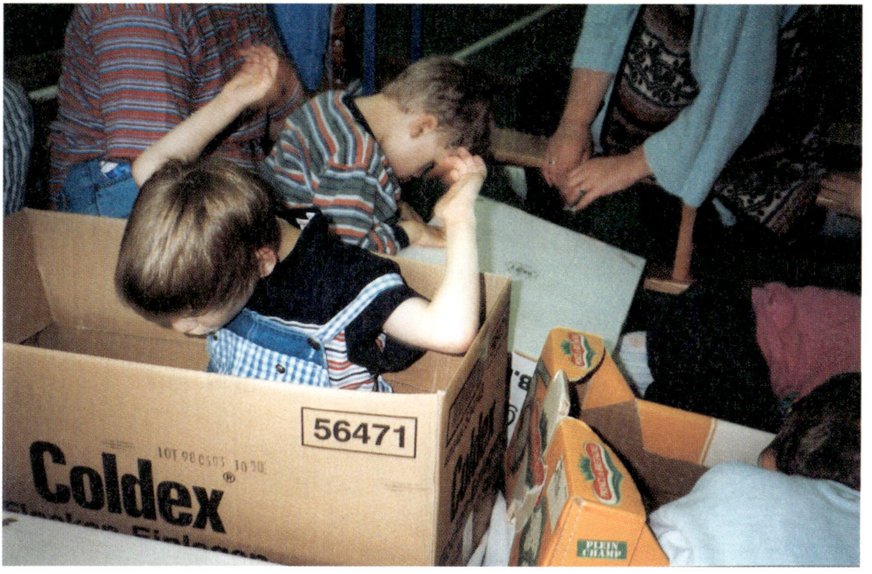

Abb. 10

3.3.1.7 Weihnachtsmarkt

Dieses Mal findet nur der Schluss zwischen den Bänken statt. Die Stunde beginnt wie üblich.

In der Halle sind kleine Stationen, die Buden, eingerichtet. Im Geräteraum, der etwas abseits und abgeschlossener ist, befindet sich eine Duftecke. Es gibt folgende Buden:

1. Riechbude mit kleinen Säckchen unter großen Joghurtbechern. In den Säckchen sind Orangenschalen, Zitronenschalen, Nelken, Pfeffer, Vanillearoma, Rumaroma, Marzipan, Äpfel usw.

2. Fühlbude mit Äpfeln, Nüssen, Apfelsinen, Mandarinen, Bananen, Plätzchen, Strohsternen, Weihnachtskugeln, Tannenzapfen, Tannenzweigen.

3. Windbude, in der ein Ventilator die Plastikbänder eines aufgehängten Gymnastikreifens bewegt. Das Kind steht mitten drin.

4. Schmeckbude, in der nur kleine Kostproben von den Obstsorten liegen und Kekse, aber auch ein Schälchen mit Zucker, Salz, Mehl, Saft, Wasser.

5. Lichtbude – dort, in einer dunklen Ecke, die durch Decken abgetrennt wird, sind kleine Wasser-Leuchtsäulen, Windlichter, Taschenlampen und eine Discokugel (wenn möglich) zu sehen. Auf dem Boden liegt eine Matte. Das Kind kann es sich dort einen Augenblick bequem machen. Dazu spielt von einem Rekorder leise Musik.
6. In der Duftecke im Geräteraum stehen Duftöl-Schälchen – auch hier spielt leise Musik.

Wir lassen den Kindern viel Zeit bei den einzelnen Stationen. Zum Schluss der Stunde versammeln sich alle auf den Bänken des „Bonbons“ und es gibt wirklich welche, d. h. Kekse, Schokolade (Bonbons können die meisten Kinder nicht lutschen), während in der Mitte eine große Kerze steht. Zum Abschied singen wir das Lied: „Wir tragen in die Welt nun ein Licht ...“ (Hierbei ist an die Sicherheitsvorschriften zu denken und ein Eimer mit Wasser bereitzustellen!)

Dieses ist die letzte Stunde eines Jahres, bevor die Kinder in die Weihnachtsferien gehen.

3.3.1.8 Faschingsturnen

Auch in dieser Stunde (zwei sind besser!) beginnen wir wie üblich. Die Halle ist bereits geschmückt für die große Faschingsfeier am nächsten Tag, daher können kaum Geräte benutzt werden. Es bietet sich an, Kreisspiele zu probieren.

Doch nach dem gruppenintensiven Anfang brauchen die Kinder zunächst etwas Rückzugsmöglichkeit und eigene Beschäftigung. Dafür sind aus Matten und jeweils 2 Reifen Schaukeln gebaut. Dort können die Kinder allein oder zu zweit sitzen oder liegen. Andere werden auf Wolldecken durch die Halle gezogen. In die Ringe, die noch frei sind, ist ebenfalls eine Matte als Schaukel gehängt. Auch mit den Tauen lässt sich noch mit einem Schaumstoffkreis eine Schaukelmöglichkeit schaffen. Die Mitte der Halle bleibt frei.

An der Seite stehen schon zwei Langbänke auf jeweils zwei Rollbrettern bereit. Das sind die Personenzüge. Da mehr Kinder gekommen sind und nicht alle auf die Bänke passen, nehme ich ein dickes Tau zusätzlich (der ICE), denn nach der Verschnaufpause spiele ich von der Kassette 3 „Musik zur psychomotorischen Förderung“ die Eisenbahnmusik. Wir fahren durch die Halle bis zur nächsten Pause. Das passiert ungefähr drei Mal, bis wir uns zu einem Kreis zusammenfinden. Durch diese Musik fällt es sehr leicht, einen Ordnungsrahmen zu schaffen. Schon beim zweiten Mal haben die Kinder von allein darauf reagiert – manchmal eher als die Erwachsenen.

Im Kreis spielen wir zu dem Lied: „Ha, ha, ha die Kinder kommen ... (die Clowns, die Tiere, die Cowboys und alles, was sonst noch da ist)“. Alle sitzen dazu und klatschen, wenn die aufgerufenen Kostüme im Kreis tanzen. Zu dem Tanz singe ich dann: „Clown dreh dich, Clown dreh dich, ja, dreh dich herum ...“. Es ist das abgewandelte Teddylied. Auf diese Weise können sich alle Kostüme einmal zeigen.

Wieder spielt die Zugmusik, wieder geht es durch die Halle, bis der nächste Kreis gebildet wird. Jetzt tanzen wir zum Katzentatzentanzspiel von F. Vahle: „Puck, die Katze tanzt allein ...“. Ein Kind tanzt in der Mitte. Ein anderes kommt dazu. Beide tanzen zusammen als Katze und Igel usw. Als Belohnung werden Schokoküsse verteilt.

Noch einmal fahren die Züge durch die Halle und finden sich zum BINGO-Tanz wieder ein.

Abb. 11

3.3.2 Im Frühling

Zu sehen ist:

- Die Tage werden länger, es ist morgens schon hell.
- Die Sonne scheint öfter.
- Blumen blühen.
- Knospen an den Bäumen
- Schneller Wechsel von Regen und Sonne
- Bienen fliegen.
- Vögel bauen Nester.

Zu hören ist:

- Vogelgezwitscher
- Regentropfen und Gewitter
- Trecker fahren zum Feld.
- Motorräder

Zu fühlen und zu riechen ist:

- Die Sonne ist schon warm.
- In dicker Kleidung schwitzt man.
- Blumen duften.
- Erde ist feucht und in der Sonne warm.

Beschäftigung:

- Gartenarbeit
- Draußen spielen
- Spazieren gehen
- Sich schon mal sonnen
- Ostereier anmalen
- Zweige schmücken

Bewegungen:

- Flottes Gehen
- Fröhliches Hüpfen
- Schaukeln
- Auf dem Spielplatz turnen
- Im Sandkasten buddeln
- Rad fahren

Musik:

- Frühlingslieder
- Entspannungsmusik
- Klassik

Der Hallenaufbau verändert sich passend zu den vorangegangenen Überlegungen. Es gibt viele Schaukelmöglichkeiten. Aus einer Langbank und einem kleinen Kasten wird eine Wippe gebaut. Wir versuchen, die Turnhalle zum Spielplatz zu machen – und wenn es das Wetter erlaubt, gehen wir auch raus. Jetzt werden die Wolldecken, die im Winter Schlitten waren, zu Nestern gebaut. In dem Hallenteil für die mobilen, lebhaften Kinder stehen Pedalos, Kettcar, Dreirad, Rollbretter, vielleicht auch ein Paar Rollschuhe. Bei den Tauen gibt es Minitrampoline, auf denen gehüpft werden kann, die Kinder können sich an den Tauen festhalten. Insgesamt ist mehr Raum zur freien Bewegung vorhanden.

3.3.2.1 April-Wetter (mit Papier)

Alle sitzen in der „Bonbon-Ecke" und bekommen ein Blatt Papier. „Der Wind weht ganz leicht. Unser Papier bewegt sich. Der Wind wird etwas stärker, das Papier flattert. Der Wind legt sich. Das Papier sinkt bis auf unsere Oberschenkel. Der Himmel wird grau und dunkel. Eine Regenwolke öffnet sich: 1 Finger tropft – tipp – tipp – tipp, 2 Finger .... usw. bis es richtig pladdert. Der Regen hört genau so langsam auf, wie er begonnen hat. Es wird wieder hell. Die Sonne scheint. Jetzt können wir uns ausruhen. Aber so warm wie im Sommer ist es noch nicht. Wir müssen das Papier unter uns legen. Der Himmel wird wieder dunkler. Uns wird kalt. Wir bekommen eine Decke (noch ein Blatt Papier)." Die Erwachsenen streicheln vorsichtig über das Papier, lassen die Hände einfach einmal liegen, damit die Kinder die Wärme spüren.

„Langsam beginnt es wieder zu regnen ..." Jetzt tippen die Erwachsenen auf das Papier. „Es wird immer dunkler, es regnet immer stärker. Ihr müsst euch hinsetzen und unter dem Papier ganz klein machen. Jetzt blitzt und donnert es sogar!" Das Papier wird ganz heftig bewegt mit beiden Händen und plötzlich zusammen geknüllt (die Kinder, die das selber können, tun es allein). „Nun ist es ganz still, kein Regen mehr, kein Wind – die Sonne kommt wieder. Wir können uns wieder ausruhen." Die Kinder legen sich hin und werden mit den Papierbällen massiert.

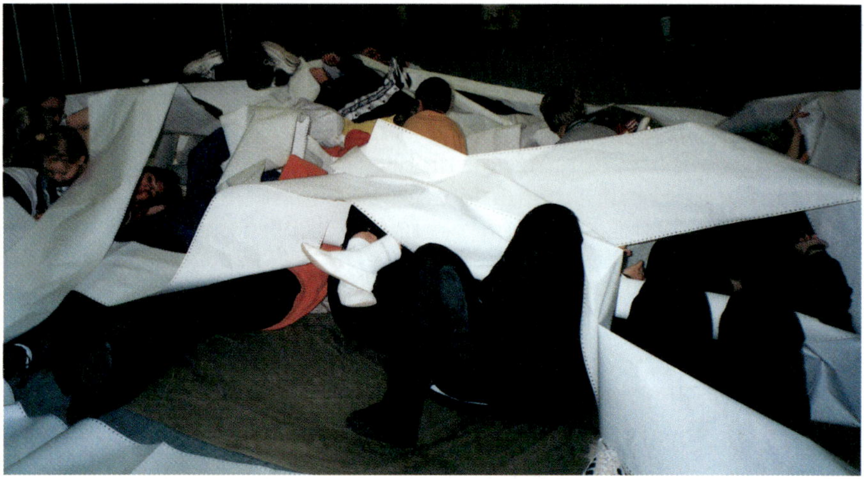

Abb. 12

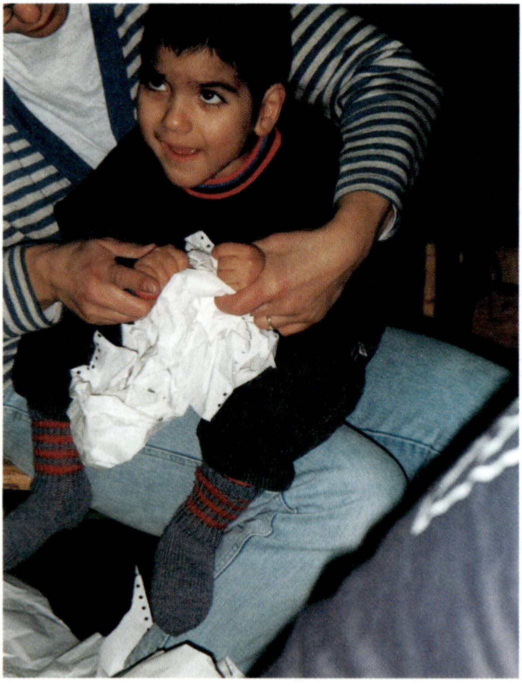

Abb. 13

3.3.2.2 Bunte Blumen

Für diesen Bonbon sind Fingerfarben, Wasserschalen, Handtücher und alte Tapetenrollen bereit gelegt. Auch ein paar Korken sind vorhanden.

Der Boden ist wieder mit einer Folie abgedeckt.

Wir singen alle zusammen: „Blüht ein Blümlein, blüht ein Blümlein in dem Winterwald, kommt der Frühling, der liebe Frühling bald.“ Dann können die Kinder mithelfen, die Tapetenbahnen auszurollen, schließlich müssen die Enden erst einmal festgehalten werden, sonst rollt sich alles wieder zusammen. Und danach können sie einen Finger (oder auch die ganze Hand, wenn es nicht anders geht) in die Farbe tunken und lauter bunte Tupfen malen, damit auch bei uns eine Frühlingswiese entsteht.

Hierbei muss sehr darauf geachtet werden, dass die Kinder nicht überrumpelt werden. Viele mögen es nicht, die schmierige Farbe an den Händen zu haben. Da wir grundsätzlich positive Erlebnisse vermitteln möchten, müssen wir andere Möglichkeiten bieten – daher die Korken. Oft aber lassen sich die Kinder überzeugen, wenn man selber mitmacht und sie wirklich nur mit einem Finger tippen.

3.3.2.3 Noch einmal bunte Blumen

Hierfür liegen im Bankquadrat verstreut viele bunte Chiffontücher. Nach dem Frühlingslied, zu dem wir geschunkelt und geklatscht haben, beschäftigten sich die Kinder zunächst allein mit den Tüchern. Nur wenn „nichts kommt“, setzen sich die Großen dazu und behängen die Kinder mit den Tüchern, wedeln damit usw. Vielleicht sind dieses Mal auch ein paar Kinder nicht auf dem Platz zu halten und möchten durch die Halle mit dem Tuch rennen – sollen sie! Nach einiger Zeit fangen wir alle Tücher in einer Folie ein. Die Kinder legen sich darunter und wir Großen schwingen die Folie, durch die die bunten Tücher leuchten.

Abb. 14

Abb. 15

Abb. 16

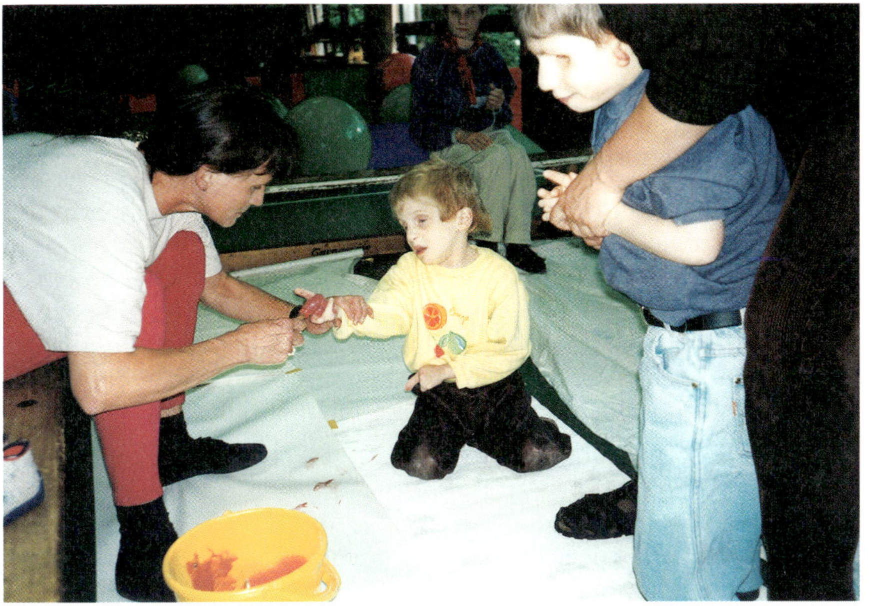

Abb. 17

3.3.2.4 Frühlingsdüfte

Hierzu bereiten wir kleine Tücher vor, die mit Blumendüften getränkt werden.
Da es sich um sehr intensive Gerüche handelt, darf alles nicht zu lange dauern. Zwischen den einzelnen Düften muss die Nase eine Pause bekommen.

Zunächst liegen die Kinder und genießen zu einer Entspannungsmusik leichte Massagen. Jedes Kind so, wie es das zulässt: Füße, Hände, Rücken mit den Händen, einem Igelball oder Tennisball massieren.

Dann ziehen wir eine Folie (ich nehme dieses Material besonders gern, weil es billig, lichtdurchlässig und leicht ist) über die Kinder und legen ein Dufttuch in die Mitte. Wenn die Folie leicht geschwungen wird, verteilt sich der Duft schneller. Auch wenn das Tuch wieder entfernt wird, schwingen wir die Folie stark, um zu lüften.

Zu allem passt sehr gut eine ruhige Musik. Ich bevorzuge dazu Panflötenmusik, z.B. von El Condor Pasa.

3.3.2.5 Hasen-Stunde

Alle Kinder dürfen einen Plüsch-Hasen oder ein anderes Stofftier mitbringen. Wenn jedes Kind ausreichend Zeit hatte, sein Tier zu haben und zu zeigen, sollen alle in die Mitte gelegt werden.

Wir sitzen alle um die Tiere herum und spielen „Häschen in der Grube“. Je zwei Kinder sitzen mit ihrem Tier in der Mitte und benutzen sie wie Kasperpuppen. Bei einigen Kinder ist es nötig, dass die Begleitung daneben sitzt. Wir singen das Lied und schunkeln oder gebärden dazu. Zu „Häschen hüpf“ heben dann alle die Stoffhasen hoch. Auf diese Weise können die Kinder das „Häschen hüpf“ alle erleben, auch die, die nicht hüpfen können.

3.3.2.6 Ostereier

Wieder eine Farb-Stunde. Also muss der Boden mit Folie geschützt werden. Auch ist es gut, vorher auf evtl. Farbkleckse hinzuweisen, damit die Kinder entsprechend gekleidet werden. Ein Eimer, Waschlappen und Handtücher stehen ebenfalls bereit.

Im Bankquadrat weht noch einmal der Frühlingswind – dargestellt durch Computerpapier-Bahnen, die über die Kinder hinweg gezogen und gewedelt werden. Dann senken wir das Papier und die Kinder dürfen es zerreißen und knüllen. Ich habe Tesakreppband mitgebracht. Damit umwickeln wir die Papierkugeln. So lassen sich Eier formen. Mit Fingerfarbe, einem Korken oder einem Tipp-Finger werden dann die Eier bemalt. Alle fertigen legen wir auf einer Folie ab, die zum Abschluss noch einmal über den Kindern geschwungen wird.

3.3.2.7 Wir treiben den Winter aus

Für diesen lautstarken Bonbon habe ich die Bankecke zwischen die Sprossenwände gebaut. Zwei Taue sind gespannt und daran werden Blecheimer, Plastikeimer, Joghurtbecher, Zwiebelsäcke gefüllt mit Kronkorken, starkes Alupapier in Bahnen, Topfdeckel und alles, was man sonst so zum Krachmachen benutzen kann, gehängt.

Dazu muss kaum etwas gesagt werden, denn nachdem alles betastet und erkundet wurde, beginnt ganz bestimmt ein Kind – und die anderen machen mit. Es kann sein, dass Kinder mit Hörgeräten erschrecken und es zu laut für sie wird. Wenn sie es nicht selber tun, sollte man das Hörgerät ausschalten.

Für den BINGO nehmen wir die Krachinstrumente vom Tau und stellen sie in die Mitte, damit wir zum Schluss des BINGO noch einmal trommeln können.

3.3.3 Im Sommer

So oft es möglich ist, findet die Spiel-Turn-Stunde im Sommer draußen statt. Das ist zwar mit sehr viel mehr Aufwand verbunden, aber auf keinen Fall sollte man auf die Erfahrungen in freier Umgebung, auf dem Rasen und der Sonne (aber auch dem Schatten) verzichten. Anstelle der Kassetten-Musik gibt es „life-songs“ und das Bankquadrat wird durch ein großes Tuch ersetzt. Mit Zauberschnüren grenze ich den Bereich auf dem Sportplatzrasen ein. Gleichzeitig kann die Zauberschnur als Handlauf für die blinden Kinder dienen. So kann man gut ein Zeichen daran hängen, wenn eine Spielstation in der Nähe eingerichtet ist.

Abb. 18

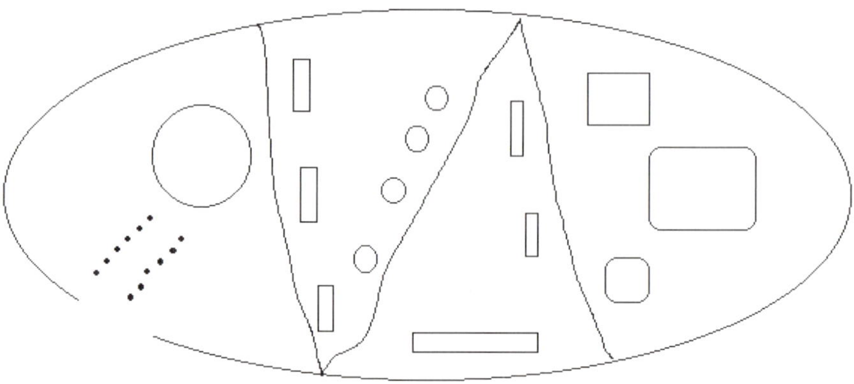

Skizze 2: Sportplatz-Aufteilung

Die Punkte stellen die Aufstellung der Kinder und Erwachsenen dar zum Eingangslied: „Wir öffnen das Tor“, anschließend bilden wir einen Kreis, der mit dem Lied „Ich bin eine kleine Schnecke“ sich zur Schnecke zusammen- und wieder auseinander rollt. Die Zick-Zack-Linie ist die Zauberschnur, Rechtecke Matten, langes Rechteck ein Kriechtunnel, Kreise Reifen. Im rechten Teil findet der „Bonbon“ statt.

Abb. 19

Abb. 20

Abb. 21

Abb. 22

Abb. 23

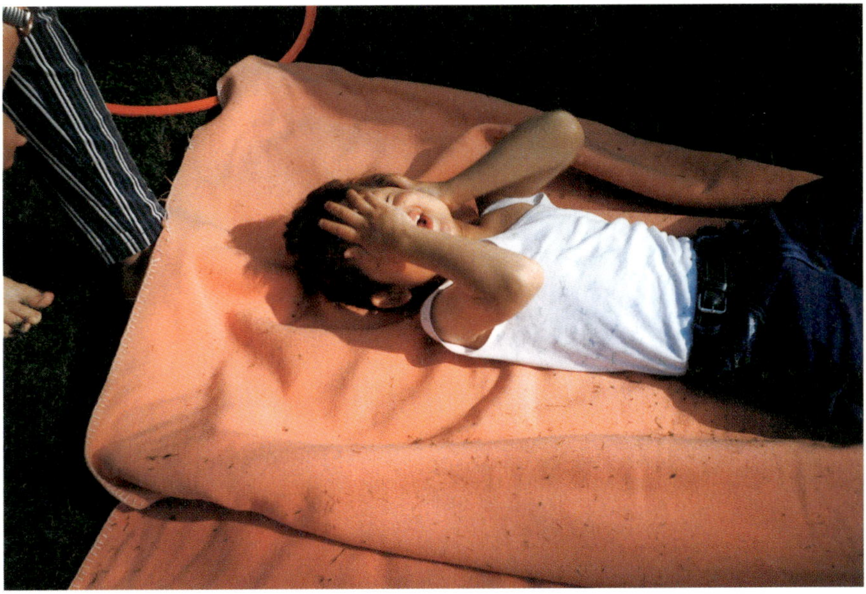

Abb. 24

Wieder stehen die Überlegungen am Anfang:

Zu sehen ist:

- Oft blauer Himmel
- Viel Sonne
- Grüne Blätter an den Bäumen
- Grüner Rasen
- Blumen
- Die Menschen sind leicht gekleidet.

Zu fühlen ist:

- Die Wärme der Sonne
- Das Gras beim barfuß Gehen oder Liegen
- Wechsel der Temperaturen in Sonne oder Schatten
- Wasser beim Planschen
- Schwitzen

Beschäftigungen:

- Draußen spielen
- Im Sandkasten
- Schaukeln
- Faulenzen
- Picknick machen
- Radtouren und Spaziergänge
- Gartenarbeit
- Schwimmen gehen

Bewegungen:

- Langsam, wenn es sehr warm ist
- Im Wasser planschen
- Schwimmen
- Rad fahren

Musik:

- wegen der fehlenden Lautsprecher-Möglichkeiten singen wir draußen
- in der Halle bleibt es bei der gewohnten Musik

Der Hallenaufbau zeigt wieder Merkmale unserer Überlegungen, so dass möglichst viele Roll- und Fahrmöglichkeiten angeboten werden. Ebenso fehlt das Schaukeln nicht. Alle Schaukelbewegungen sind ohnehin für blinde wie auch hör-sehbehinderte Kinder sehr wichtig, da ihr Vestibulärsystem (Gleichgewichtssinn) besonders stark angeregt und trainiert werden muss.

3.3.3.1 Hallenstunde: Meine Hände fühlen

Im Bankquadrat liegen großmaschige Zwiebelsäcke (habe ich aus unserer Küche erbeten), in denen unterschiedliche Materialien verstaut sind:

- Kronkorken
- Joghurtbecher
- Alufolie
- Plastikfolie
- Watte
- Papier
- Tennisbälle
- Tischtennisbälle
- Luftballons
- Topfkratzer
- Styroporflocken
- ... der Phantasie sind keine Grenzen gesetzt!

Vor die Stirnseite der Bänke ist ein Barren gestellt, damit an den Holmen eine Wäscheleine gespannt werden kann und so auch einige Säcke hoch gehängt werden können.

Den Kindern wird völlig freie Hand gelassen. Sie beschäftigen sich sehr lange mit all den Fühlangeboten. Oft trennen sie sich sehr ungern von einem auserkorenen Material. So lassen sie sich nur durch den Trick mit der gespannten Wäscheleine, die sie aus dem Quadrat führt, zum Schluss überlisten.

Abb. 25

Abb. 26

Abb. 27

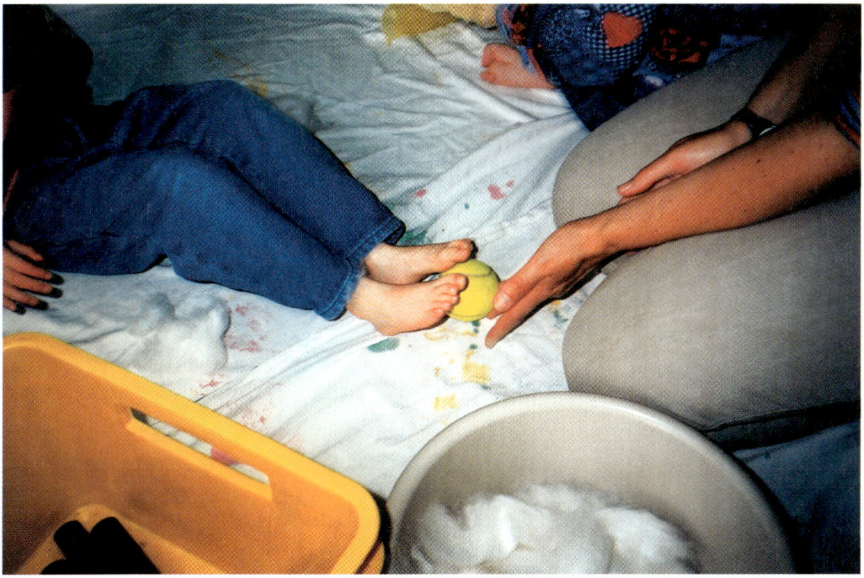

Abb. 28

3.3.3.2 Hallenstunde: Meine Füße fühlen

Die gleichen Angebote wie vorher, nur dieses Mal sollen die Füße arbeiten. Somit einfällt natürlich die Wäscheleine. Aber ich stellen zum Schluss einen großen Behälter in die Mitte, in den die Materialsäcke möglichst mit den Füßen hinein gehoben werden sollen.

3.3.3.3 Auf dem Sportplatz

Auf dem Sportplatz findet sich die Aufteilung wie auf der Skizze 2. Auch hier draußen gibt es einen festen Rahmen im Ablauf jeder Stunde. Wir beginnen mit dem Lied „Wir schließen das Tor, wir öffnen das Tor. Die .... und die .... treten hervor. (Ein Erwachsener und ein Kind stellen sich an den Anfang der Gasse. Sie fassen sich an den Händen und hüpfen, gehen oder werden getragen oder geschoben.) „Heißa, durch die lange Reihe, alle andern bleiben stehen, heißa, durch die lange Reihe – nun auf Wiedersehen!" Dazu klatschen die stehenden Kinder und Erwachsenen. Das geht so lange, bis alle an der Reihe waren.

Danach fassen wir uns alle an und bilden einen Kreis, der sich dann zum Lied „Ich bin eine kleine Schnecke und wandere durch die Welt ..." zu einer Schnecke zusammenrollt und wieder ausrollt. Der Kopf der Schnecke führt zur Zauberschnur und der ersten Station im Bewegungsangebot.

Entlang der Schnur liegen Iso-Matten, zwischen denen immer freie Rasenfläche ist, so dass ein ständiger Untergrundwechsel zu spüren ist. In den Reifen liegen Kleingeräte (Bälle, auch mal Eimer und Schalen, Bürsten und Schwämme), der Kriechtunnel führt zu weiteren Spielmöglichkeiten.

Im „Bonbonteil" liegen Wolldecken, auf denen die Kinder hin und her geschwungen werden können – oder wo auch nur ein wenig gekuschelt werden kann. Auf dem großen Tuch kann dann der jeweilige Untergrund für die Aktion gestaltet werden: Z.B. zum Malen und Wasserspielen mit Folie.

Für den BINGO-Tanz versammeln wir uns um das kleine Planschbecken, denn der letzte Durchgang wird mit Patschen in das Wasser beendet.

3.3.3.4 *Draußen (aber auch in der Halle möglich): Meine Füße malen*

Nachdem sich die Füße in der vorhergehenden Stunde schon an das Fühlen gewöhnen konnten, stehen jetzt Packpapier, Fingerfarbe, Schwämme und Pinsel bereit – auch eine Wanne mit Wasser.

Die Kinder beschmieren sich, wenn sie es selber können, die Fußsohlen oder die Begleitung tastet sich vorsichtig heran, ob mit der Hand, dem Pinsel, dem Schwamm die Fußsohlen bemalt werden können. Dann laufen die Kinder über das Packpapier und können sich über ihre bunten Fußabdrücke freuen.

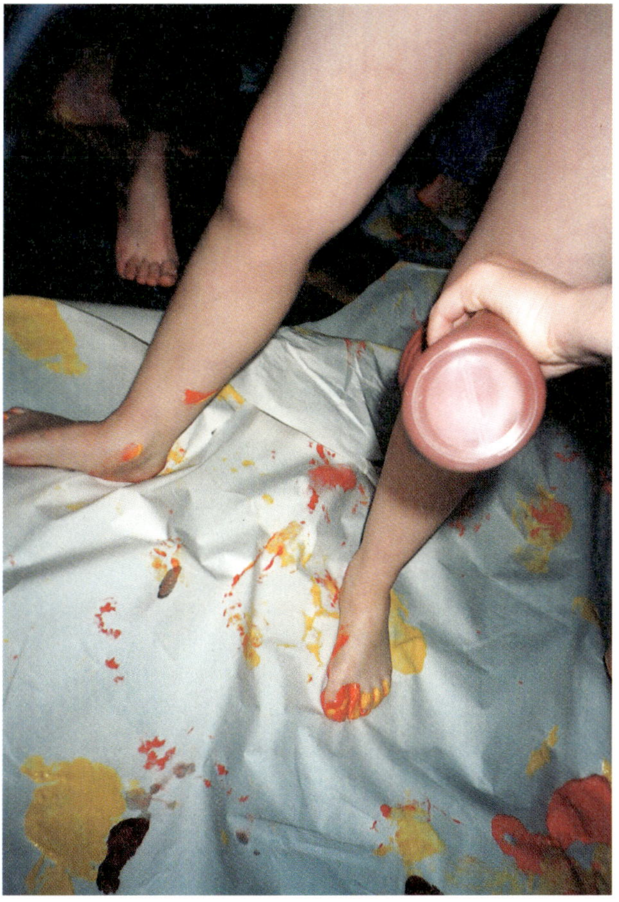

Abb. 29

Abb. 30

Abb. 31

3.3.3.5 Dicke Ballmassage

Alle Kinder liegen auf dem großen Tuch. Die Erwachsenen stehen um sie herum. Wir brauchen dazu wenigstens zwei Therapiebälle, besser mehr. Zunächst rollen wir Großen uns die Bälle vorsichtig über die Kindern hinweg zu. Wenn die Kinder sich daran gewöhnt haben, entsteht durch lautes Juchzen der Wunsch nach mehr Dynamik. Wir können die Bälle etwas unsanfter, auch mal hüpfend zurollen.

Anschließend breiten wir ein Schwungtuch über die Kinder und legen zuerst einen Ball darauf, den wir auf dem Tuch über die Körper der Kinder rollen lassen. Als Abschluss nehmen wir den Ball weg und wedeln unseren Kleinen Frischluft zu. Das haben sie dann sehr verdient!

3.3.3.6 Wassermassage

Wieder liegen alle auf dem Tuch. Dieses Mal kommt die Folie zum Einsatz. Ich habe für diese Aktion eine etwas stärkere ausgewählt. Zum Anfang schwingen wir die Folie über den Kindern (um etwas mehr zur Bewegung zu motivieren – die Großen! – gebe ich meistens einen „Wetterbericht“: Laue Winde, leichter Wellengang, ein großes Hoch, gefolgt von einem schlappen Tief, der Wind frischt auf, wird zum Sturm, hoher Wellengang, Abflauen ...). Nach ausreichendem Genuss von Wind und Wetter, wird auf die Folie Wasser gekippt. Durch vorsichtiges Bewegen, Heben und Senken der Folie schwappt das Wasser über die Kinder hinweg. Die Folie sollte so tief gehalten werden, dass die Kinder sie berühren können, bzw. das Wasser auch mal über ihre Gesichter hinwegspülen kann.

Mit ein wenig Abtönfarbe lässt sich ein besserer Effekt für die sehbehinderten Kinder erreichen.

Abb. 32

Abb. 33

Abb. 34

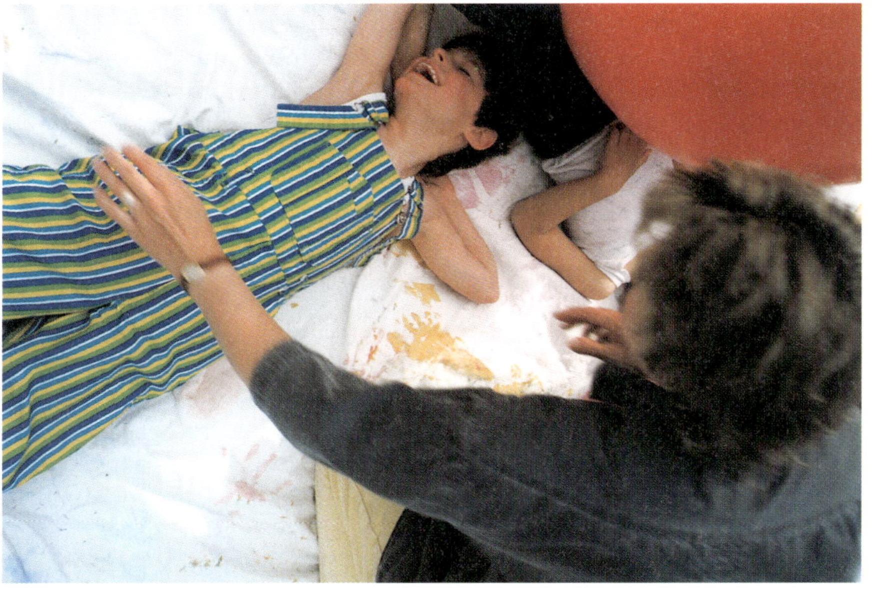

Abb. 35

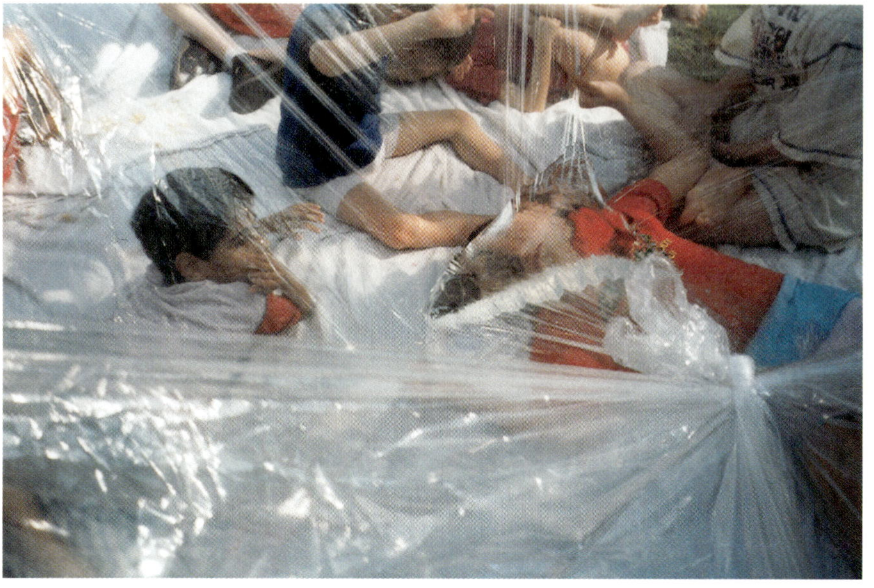

Abb. 36

3.3.3.7 Bemalte Körper

Wenn es so richtig schön warm draußen ist, bietet es sich einfach an, mal ordentlich in den Farbtopf zu greifen, ohne Rücksicht auf den Fußboden oder die Kleidung. Alle Kinder tragen nur Badehosen und liegen auf Tapetenbahnen auf dem Rasen.

Damit sie sich an die Berührungen gewöhnen, werden sie zunächst mit unterschiedlichen Dingen abgerollt: Tennisbällen, Igelbällen, Schwämmen (trocken und feucht), Waschhandschuhen, Pinseln.

Erst danach geht es an die Farbe. Die Kinder, die es können und mögen, bemalen sich gegenseitig erst einmal den Rücken. Bei den anderen Kindern malt die Begleitung vorsichtig erst mit einem Finger, dann vielleicht mit einem Pinsel oder Schwamm. Eine saubere Tapetenbahn liegt neben jedem Kind. Wenn der Rücken bemalt ist, rollt es sich auf diese Bahn und kann seinen Abdruck betrachten. Für die Kinder, die sich nicht bemalen lassen möchten, ist die freie Tapetenbahn als Malfläche geeignet.

Anschließend lohnt es sich, das Planschbecken zu benutzen!

3.3.3.8 *Wasserrutsche*

Dieses Mal ist das Wasser nicht in der Folie über den Kindern, sondern auf einer Folie, die auf dem Rasen ausgebreitet ist. Es braucht nur wenig Wasser, um die Folie rutschig zu machen.

Zum langsamen Heranführen setzen wir uns erst um die Folie herum und patschen mit den Händen. Dazu singen wir: „Meine Hände patschen, patschen, patschen, oh, wie ist das schön!" (Dann: „Meine Füße ..."). Allmählich rutschen die Kinder auf die Folie und bewegen sich dort, wie sie mögen: krabbelnd, auf dem Po rutschend, gehend oder rollend – alles ist möglich.

Ein herrlich matschiges und erfrischendes Vergnügen (unsere Stunden liegen immer am Ende eines Tages, also recht praktisch wegen der Säuberung)

3.3.3.9 *Sommerferien-Reisezeit*

Bevor die Ferien beginnen, steht die letzte Spielturnstunde ganz unter dem Vorzeichen von Verreisen. Für den „Bonbon" hole ich die Kinder nach und nach von den einzelnen Spielstationen mit einem Bollerwagen ab. Dazu wird das Lied: „Auf der Eisenbahn sitzt ein schwarzer Mann, schiebt die Kohlen an, dass man fahren kann. Kinderlein, Kinderlein, hängt euch dran! Wir fahren mit der Eisenbahn!" Das geht so lange, bis alle Kinder auf der rechten Rasenplatz-Seite angekommen sind.

In der Mitte des Tuches liegt ein alter Koffer, in dem ein Strohhut, eine Sonnenbrille, ein Rucksack, ein Badeanzug usw. verstaut sind. Außerdem liegen bunte Chiffontücher bereit. Ein Kind darf nun ein Teil aus dem Koffer nehmen und am Anfang unseres Zuges gehen. Wir bewegen uns hintereinander in einer Schlange und singen: „Türen zu, ein Pfeifenton! Ich glaube gar, wir fahren schon. Ratata, ratata, wir sind bald bei der Omama (die Namen werden entsprechend geändert)". Dann kommt das nächste Kind an die Reihe.

Zum Abschluss werden die bunten Tücher verteilt und wir winken uns zu: Schöne Ferien!

Wenn es die Kasse erlaubt, ist dann eine Runde Eis eine willkommene Überraschung.

Abb. 37

3.3.4 Im Herbst

Im Herbst ist Erntezeit. Man muss auf Bäume klettern, um Äpfel zu ernten. Das Getreide wird eingefahren. Drachen können sich im Herbstwind tummeln. Es gibt in manchen Gegenden Oktoberfeste oder Kirmes. Dem trage ich beim Aufbau in der Halle Rechnung.

Die Klettergerüste (Sprossen- und Leiterwände) sind ausgefahren. Zur Orientierung verbinde ich sie mit Tauen. Die Kinder können daran entlang gehen, sich aber auch auf Rollbrettern weiterziehen. In die Sprossen wurde eine Bank gehängt als Rutschbahn.

Als Oktoberfest-Anteil gibt es eine „Geisterbahn“. Das sind Weichteil-Turnelemente (Böden, Quader, Rollen), die kreuz und quer gelegt werden. Zwischen ihnen sind nur kleine Lücken. Das ganze Gebilde wird mit einem Schwungtuch verhüllt. Es gibt einen Eingang und einen Ausgang. Durch dieses Gewirr können die Kinder krabbeln oder auch auf Rollbrettern fahren. Wenn sie das nicht alleine mögen, fahren wir mit.

Ein Karussell wird mit einem Kreisel und einer kleinen Turnbank gebaut. Und natürlich viele Schaukelmöglichkeiten!

Unser „Bonbon"-Lied ist nun: „Der Herbst, der Herbst, der Herbst ist da. Er bringt uns Wind, hei, hussasa." (auf Fidula-fon-Kinderlieder). Wir beginnen immer mit einem frischen Wind durch Schwungtuch-Wedeln.

Für die Inhalte überlegen wir nach dem bewährten Muster:

Zu sehen ist:

- Abgemähte Felder
- Trecker pflügen
- Reife Früchte werden geerntet.
- Drachen steigen
- Die Bäume verlieren schon Blätter
- Die Vögel fliegen nach Süden
- Es wird früher dunkel.

Zu hören ist:

- Das Knattern der Trecker
- Wind

Zu fühlen ist:

- Wind und Wetter
- Schöne runde Äpfel usw.
- Laub
- Eicheln, Kastanien usw.
- Es wird kühler.

Beschäftigungen:

- Rad fahren
- Gartenarbeit
- Laub harken
- Laterne gehen
- Drachen steigen lassen
- Zum Jahrmarkt gehen

Bewegungen:

- Viel Bücken bei der Gartenarbeit.

- Mehr gehen als sitzen, weil es zu kalt werden kann.
- Karussell fahren.
- Auf Bäume klettern.
- Mit dem Drachen laufen.

Musik:

- Herbstlieder
- Laternenlieder
- Musik zum Kuscheln

3.3.4.1 Windmaschine

Wenn die Kinder die erste Herbststunde in der Halle erleben, sind sie meist so vertieft in den neuen Aufbau, dass der Abschluss nur kurz ausfallen kann. Daher kommt die Windmaschine zum Einsatz, d. h. wir bleiben mit dem Herbstlied beim Windmachen in allen Variationen und wiederholen es sehr häufig. Den Kindern wird es selten zu viel – höchstens unseren Armen! Zum Schluss schwingen wir das Tuch so hoch, dass wir alle darunter gehen können. Wir halten es hinter dem Rücken fest und sitzen bald wie in einem Zelt.

3.3.4.2 Apfelernte

Die Kinder liegen oder sitzen auf dem Boden. Wir lassen viele, viele Tennisbälle, Gymnastikbälle und Luftballons über die Kinder in das Bankquadrat fallen. Ohne viel erklären zu müssen, greifen sich die Kinder jeweils das, was sie am liebsten mögen und dürfen damit spielen. Nach einiger Zeit sammeln wir alle „Äpfel“ in einen Fallschirm mit großem Loch in der Mitte. Wir Großen halten den Fallschirm in geringer Höhe über die Kinder und lassen alles durcheinander kullern, bis es nach und nach durch das Loch wieder bei den Kindern landet.

Die Ernte ist das Aufräumen in große Wannen.

3.3.4.3 Strohrollen

Seit einiger Zeit sind ja nicht mehr die Strohballen, sondern große Rollen auf den Feldern zu sehen. Wir stellen uns nun vor, dass wir zwischen diesen dicken Rollen einen Weg suchen müssen. Natürlich haben wir kein Stroh. Ich nehme dafür so viele große Therapiebälle, wie ich bekommen kann. Es sollte schön eng im Bankquadrat werden.

Von den Seiten her führen wir die Kinder an die Bälle heran. Und dann ist für die meisten keine Erklärung oder Hilfe nötig. Sie versuchen, zwischen die Bälle, auf die Bälle oder auch darunter zu gelangen. Wir Großen sind jetzt vor allem zum Aufpassen wichtig, dass niemand getreten wird. Aber da die Oberfläche dieser Bälle so angenehm und den meisten Kindern sehr vertraut ist, genießen sie diese enge Berührung sehr und fühlen sich erstaunlich sicher dabei.

Zum Abschluss müssen aber alle noch einmal auf die Bänke, denn wir legen ein großes Schwungtuch über alle Bälle. Darüber dürfen nun die Kinder krabbeln und sich darauf legen, und zwar zu zweit oder auch nur allein. Wenn das Tuch dann noch etwas bewegt wird, liegt man wie in einem Wellenmeer.

3.3.4.4 Fühlwannen

Die Kinder haben eifrig Kastanien und Eicheln gesammelt. Wir stellen in die Mitte mehrere Wannen, gefüllt mit dem Sammelergebnis. Dann setzen wir uns auf die Bänke ringsherum. Jedes Kind bekommt einen großen Joghurtbecher und holt sich aus den Wannen, was es möchte, befühlt es und spielt damit. Der Inhalt wird dann auf den Boden gekippt und wieder wird aus den Wannen etwas geholt. Das geht so lange, bis alles auf dem Boden liegt.

Über alles lege ich dann ein Schwungtuch. Die Kinder dürfen dann darüber gehen. Das ist ganz schön wackelig! Wer mag, darf sich auch mal darauf legen und bekommt so eine Ganzkörpermassage.

3.3.4.5 Fühl-Parcours

Hierfür werden flache Kartons oder Plastikschalen mit Kastanien, Eicheln, Kies, Sand, Laub gefüllt und auf das Tuch im Bankquadrat gestellt. Die Kinder können je nach Wunsch mit den Händen oder den Füßen den Inhalt fühlen.

Anschließend kippen wir die einzelnen Materialien in kleine Zwiebelsäcke (wenn es die nicht geben sollte, gehen auch Kopfkissenbezüge) und nutzen sie als Fühlsäcke – wieder für Hände oder Füße.

Mit diesen Säcken können die Kinder aber auch gut abgerubbelt werden: Sie liegen auf dem Bauch und man legt einen Sack auf ihren Rücken und verteilt den Inhalt über den Körper.

3.3.4.6 Herbstlaub

Wenn es nicht möglich ist, sich draußen einmal in einem großen Laubhaufen zu wälzen, holen wir einen großen Sack voll Laub in das Bankquadrat und kippen ihn in die Mitte.

Alle Kinder setzen sich hinein – bleiben nicht lange sitzen, sondern rollen und kullern darin herum. Kurz darauf wird bestimmt auch mit dem Laub geworfen.
Ein Besen sollte gleich in der Nähe sein!

Neben die Bänke lege ich wieder eine Folie, auf die nach ausreichender Spieldauer das Laub umsortiert wird. Die Kinder liegen wieder auf dem Rücken, während wir Großen die Folie über sie halten und schwingen. Das Laub fliegt dabei durcheinander.

Gerade für diese Kinder setze ich besonders gern die Folie ein, weil sie hindurch sehen können und sich nicht so leicht gefangen fühlen, wie unter einem Schwungtuch.

So lassen sich die Spielturnstunden immer wieder neu gestalten. Der gewohnte Raum und der bekannte Verlauf gibt den Kindern Sicherheit, während das wechselnde Angebot im Bonbon die Möglichkeit zu neuen Entdeckungen und Erfahrungen gibt.

Der völlig andere Aspekt des Spielturnens, der Psychomotorik, gegenüber dem üblichen Turnen wird deutlich. Es geht nicht um Fertigkeiten, sondern vornehmlich um Wahrnehmungserfahrungen. Durch das zwanglose Miteinander entsteht eine entspannte Atmosphäre. Auch die Kinder, die ganz wenig können – nicht laufen, nicht sitzen, nicht sehen, nicht hören –, erfahren durch die Vibration des Bodens, die Schallwellen der Musik, die Körperbewegung der Erwachsenen und die Stimmung, dass sie nicht allein sind und dazu gehören.
Alle diese Erfahrungen bilden die Grundlage zur weiteren Entwicklung.

3.3.5 Beschreibung der eingesetzten Tänze

1. Eingangsmusik: z.B. „Ponypferdchen“ von Fidula-fon oder „Robotertanz“ von der Kassette „Bärenmusik“

   Sie sind deshalb von mir ausgewählt, weil sie stark strukturiert sind in einen Musik- und einen Textteil. Zum Text gehen wir kreuz und quer durch die Halle und begrüßen uns wie beschrieben. Zum Musikteil bleiben wir stehen und klatschen, stampfen oder lassen uns paarweise etwas einfallen. Während des Gehens bilden immer wieder Paare Tore, durch die entgegenkommende Paare hindurch gehen. Dadurch wird deutlicher, dass viele Menschen in der Halle sind.

2. Kreistanz „So tanzen wir die Bellabimba“ von Fidula-fon

   Sehr oft klaffen die Bewegungsmöglichkeiten der Kinder weit auseinander und reichen von normalem Laufen über unsicheren Gang und Stand bis hin zum Rollstuhl, in dem man nur mit Hilfsgurten aufrecht sitzen kann. Somit muss man sehr flexibel in der Gestaltung eines Tanzes sein.

   Wenn die Kinder einigermaßen an der Hand laufen können, sieht unser Tanz so aus:

   Zur „Bellabimba“ schwenken wir die gefassten Hände vor und zurück, zu „tanzt die Libelle...“ schunkeln wir und zur Musik fassen wir uns paarweise an den Händen an und drehen uns im Kreis.

   Wenn nur wenig mobile Kinder dabei sind:
   Der Beginn ist genau so, das Schunkeln geht auch, aber zur Musik trampeln und klatschen die Großen.

3. „Trat ich heute vor die Türe...“ von Fidula-Fon

   Dieser Tanz eignet sich für mobile Kinder und für Rollis. Wir gehen als Kreis gefasst zu „Trat ich heute...“ im Takt in den Kreis (Rollis können ja so flott geschoben werden) und wieder zurück. Bei „tanzte doch die Gans Agatha...“ gehen zwei in die Mitte und alle anderen klatschen.

   Aus dem Kreis heraus lässt sich dann sehr einfach eine Schlange bilden, die sich noch einmal um alle Stationen herum durch die Halle winden, aber sich auch ein- und auswickeln kann. Dabei kommen sich die Körper so nahe, dass alle spüren, wo die anderen sind.

4. Bingo

Auch hier muss ich mich stets nach den Teilnehmern richten. Die Gestaltung reicht vom flotten Kreis mit Richtungswechsel bis zum Sitztanz.

1. Flotter Kreis

Die Musikabschnitte erklingen neunmal. Ich habe daher vier unterschiedliche Bewegungen geplant, die jeweils zweimal ausgeführt werden. Das letzte Mal ist immer anders:

Es geht acht Takte seitwärts nach links, acht Takte nach rechts. Dann acht Takte in den Kreis, acht Takte wieder hinaus. Zu dem langsamen
„B I N G O“ gehen wir mit großen Schritten in die Mitte bis zum G und zum O schnell zum großen Kreis rückwärts. Das war Nr. 1. Bis zum G die Hände auf den Boden und bei O nach oben. Das ist Nr. 2 Und Nr. 3 ist bis zum G in die Knie und bei O hinsetzen. Nr. 4 ist dann umgekehrt. Der Schluss kann dann noch einmal zum Sitzen führen, aber bei O liegen alle auf dem Boden.

Es wurden auch schon anstelle des seitwärts Gehens Hüpfer usw. gemacht.

2. Sitztanz

Hierzu sitzen wir alle auf den Bänken des Quadrats vom Bonbon. Wir klopfen achtmal auf die Oberschenkel (evtl. auch sechzehnmal!), dann beugen wir uns bis G nach vorn und zu O wieder hoch, legen uns zur linken Seite und bei O drücken wir uns ein wenig fester aufeinander, das gleiche zur rechten Seite. Zum Schluss heben wir die Arme bis G hoch und zu O winken alle.

Sicher fallen einem jede Menge Variationen ein. Dies soll nur aufzeigen, dass es fast immer möglich ist, zu tanzen.

4. Einzelförderung

Das Erleben von Gemeinschaft ist zum Aufbrechen der Isolation gerade für den behinderten Menschen unendlich wichtig. Der Mensch ist ein soziales Wesen. Er möchte sich mitteilen, dazu gehören, Zuneigung erfahren, sich geborgen fühlen. Mit diesen Grundbedürfnissen werden wir geboren und lernen durch die Reaktionen auf unser Verhalten, unsere Wünsche entsprechend auszudrücken und zu dosieren. Ein Kind, dem der Anreiz zum Kontaktaufnehmen durch fehlendes Sehen oder/und Hören nicht mitgegeben ist, verharrt in der „Warteschleife", ist auf das Wesentliche der Versorgung beschränkt. Die Art des Berührtwerdens, des Geruchs und ob das Geschmeckte angenehm oder nicht ist, entscheiden über die weiteren Bedürfnisäußerungen.

So kommt es, dass trotz ähnlicher Behinderung die Kinder sehr unterschiedlich entwickelt zu uns kommen. Die Einzelförderung ermöglicht es, jedes Kind individuell dort abzuholen, wo es entwicklungsmäßig steht, die Persönlichkeit des Einzelnen zu sehen, zu fördern und zu stärken. Nur wenn ein Kind weiß, wer es ist, wenn es sich angenommen fühlt, kann es seinen Platz in einer Gemeinschaft finden und sich darin wohlfühlen.

In der Einzelförderung werden die Fähigkeiten des Kindes auf ein für jedes Kind abgestimmtes, erreichbares Fernziel gelenkt. Jeder noch so kleine Fortschritt ist ein Meilenstein auf dem mühsamen Entwicklungsweg. Wo andere Therapeuten in Wochen oder Monaten rechnen, gehe ich von Jahren aus. Meine Sichtweise davon, was denn Erfolg ist, hat sich verändert. Manchmal ist es schon das Ausspucken des Zahnputzwassers, manchmal nur ein Lächeln.

Die psychomotorische Arbeit bildet die Grundlage für das gesamte weitere Lernen in allen Bereichen. Wie sollte ein Kind seine Hände z.B. für die Gebärdensprache benutzen können, wenn es kein Körperschema hat? Wie soll es sich auf Lese-, Bastel- oder Malangebote konzentrieren können, wenn es nicht in der Lage ist, seine Körperhaltung stabil zu halten?

Bewusst gehe ich nicht auf medizinische Berichte ein. Erstens, weil sie dem Datenschutz unterliegen, und zweitens, weil sie für meine Arbeit nur wenig Informationen liefern. Das Wichtigste ist eine gute Beobachtungsgabe, die man lernen kann und muss. Ich sehe vor mir immer das Kind, nicht den Patienten. Zum Erfolg trägt bei, wenn die Zusammenarbeit aller Erzieher, Lehrer, Therapeuten und besonders der Eltern stimmt. Denn die Devise heißt: Leben ist Bewegung – und das nicht nur für die entsprechende Therapiestunde, sondern tagtäglich in jeder Situation. Die kleinen Hilfen, die ich durch meine gezielten Angebote geben kann, müssen in den Tageslauf integriert werden, damit sie sich festigen und selbstverständlich werden. Eine grundsätzliche ärztliche Untersuchung muss allerdings sicherstellen, was ich evtl. berücksichtigen muss: Herzfehler, Kreislaufschwächen und orthopädische Belange.

4.1 Tina lernt laufen

Tina kam mit sieben Jahren aus einer kinderreichen, einfachen Familie zu uns von der sie so angenommen wurde, wie sie war: hochgradig geistig behindert, mit starker Seh- und Hörschwäche, aber einer ansteckenden Fröhlichkeit. Sie konnte nur krähend ihre Gefühle ausdrücken, das allerdings eindeutig. Sie saß am liebsten im Schneidersitz auf dem Fußboden und hielt sich an den Armen oder Beinen umschlungen. Sowie jemand in ihre Nähe kam, strahlte sie über das ganze Gesicht und rutschte in Windeseile auf den Menschen zu, um ihn dann mit den Füßen anzustoßen und Kontakt aufzunehmen. Wenn man ihr die Hände reichte, ergriff sie diese am Handgelenk und versuchte, die Hände der Person zum Klatschen zu bringen. Mit ihren eigenen Händen wollte und konnte sie das nicht. Damit gelang es ihr nur, einen Keks gezielt zu greifen und in den Mund zu schieben oder sich an irgend etwas festzukrallen. Was Aufstehen oder gar Laufen war, wusste sie nicht. Selbst im Bett gelang es ihr nicht, entspannt zu liegen.

Durch ihr freundliches Wesen hatte sie schnell alle Erwachsenen erobert. Kinder interessierten sie nur, wenn kein Großer zu erreichen war. Von Kindern kamen nicht die gewünschten Reaktionen, denn es ist selten, dass taubblinde Kinder unbeschwert Kontakt suchen oder erwidern. Allmählich stellte sich heraus, dass Tina keineswegs blind und gehörlos war, jedenfalls nicht organisch. Ihre Augen sahen und ihre Ohren hörten, aber ihr Gehirn konnte offensichtlich die Eindrücke nicht verarbeiten und umsetzen.

An einen üblichen Ablauf der Förderung (wenn es den überhaupt gibt) war nicht zu denken: Erlernen der Gebärdensprache ebenso wenig wie ein Selbstständigkeitstraining. Zunächst musste geklärt werden, was aus ärztlicher Sicht getan bzw. gelassen werden müsste. Sie würde wohl nie laufen lernen, meinten die Ärzte. Um Deformationen zu verhindern, erhielt sie Beinstreckschienen von der Hüfte bis zu den Zehen, die sie erstaunlich gleichmütig ertrug, obwohl sie ständig bemüht war, den geliebten Schneidersitz zu erreichen. Im Bett verhalfen ihr die Schienen zum besseren Einschlafen. Nahmen wir sie ihr morgens ab, wenn sie noch schlief, schoben sich die Beine wie von unsichtbaren Fäden gezogen in die gewohnte Haltung.

Den Tag musste sie stundenweise in einem Stehtrainer verbringen. Was brachte ihr diese Versorgung? Wir konnten Tina wie eine Puppe auf die Füße stellen und sie irgendwo anlehnen. Sie freute sich, groß zu sein und eine „neue Aussicht“ zu genießen. Sie wurde neugieriger und drehte ihren Kopf nach allen Seiten. Jetzt zeigte sich ganz deutlich, dass ihre Augen Gegenstände und Personen fixieren konnten und sie sich nach Geräuschquellen umsah. Sie reagierte auf ihre Umwelt viel konzentrierter, da ihr ein spontanes Hinrutschen nicht mehr möglich war. Immer stärker nuancierten sich ihre Krählaute, so dass wir gut Freude, Unlust, Herbeirufen und eine Form von Selbstgespräch erkennen konnten.

Meine Arbeit bekam nun ein Ziel: Tina sollte laufen lernen. Warum? Weil ihre Möglichkeiten durch die starke Retardierung so stark eingeschränkt waren, dass sie noch nicht einmal ihre stärkste Fähigkeit, das Kontaktsuchen, auf erfolgreiche Weise ausführen konnte. Dieses Hinrutschen und dann mit den Füßen anstoßen, traf auf wenig Gegenliebe. Den Kindern tat es weh, denn Tina musste feste Spezialschuhe tragen, und wir Großen fanden es lästig und gingen ihr aus dem Weg. Dann saß sie verzweifelt krähend mitten im Raum. Wenn sie niemals eine Sprachform erwerben würde und ihr logische Denkvorgänge verschlossen bleiben sollten, so sollten wir wenigstens versuchen, ihren Bewegungs- und Kontaktdrang in „normale“ Bahnen zu lenken. Sie verlangte so sehr nach Nähe, dass ich für sie ein intensives Programm aufstellen konnte, denn jede Berührung war für sie ein Streicheln und ließ sie strahlen – wenigstens zu Beginn.

Körperbewusstsein, Körperschema, Grobmotorik auf unterster Ebene mussten erarbeitet werden. Kein üblicher Erhebungsbogen konnte benutzt werden – weder das Kiphard-Raster noch irgendwelche Testreihen. Tina fiel aus allen Rahmen, wie sehr viele der Kinder, die der Einrichtung leben und lernen. Ich nahm den Leitsatz: „Von den Stärken ausgehen“ daher als Grundlage für eine Aufstellung.

4.1.1 Stärken und Schwächen

Was kann Tina, was mag sie?

- Sie hört,
- sieht,
- kann auf Menschen reagieren,
- kann ihr Brot festhalten und in den Mund stecken,
- isst gern,
- kann zugreifen,
- kann schlucken, trinken,
- ihren Becher kurzzeitig festhalten,
- sich liegend vom Rücken auf den Bauch und umgekehrt drehen,
- kann ihre Stimmung ausdrücken,
- kann frei sitzen – auch auf einem Stuhl,
- sie mag stark rhythmische Musik,
- kann einen Gegenstand vor ihren Augen drehen,
- will mit den Beinschienen stehen,
- mag körpernahes Zusammensein,
- mag duschen, im Wasser sein,
- kann in die Hände klatschen

Was kann Tina nicht, was mag sie nicht?

- Sie kann nicht krabbeln,
- nicht alleine aufstehen,
- nicht stehen,

- nicht laufen,
- weiß nicht, was beim An- und Ausziehen passiert,
- ist nicht sauber, trägt Windeln,
- kann nicht sprechen,
- kann nicht den Griff lösen,
- nicht allein mit dem Löffel essen,
- versteht nicht, was man sagt,
- atmet nicht durch die Nase,
- mag nicht allein sein,
- kennt ihre Körperteile nicht,
- nicht die Körpermitte,
- keine Fingerbeweglichkeit (nur Affengriff),
- kann nicht allein trinken, beisst sich am Becher fest,
- mag keinen Waschlappen im Gesicht.

4.1.2 Zugang finden – auf eine Ebene gehen

Ich begann mit dem, was Tina am liebsten tat: Ich überließ ihr meine Hände. Wir setzten uns gegenüber im Schneidersitz und sie hielt meine Handgelenke eisern umklammert und schlug meine Hände zusammen, während sie mich anstrahlte. Das konnte eine Stunde lang so gehen.

Der nächste Schritt war, ihr nur eine Hand von mir zu geben. Mit der anderen Hand hielt ich ihr Handgelenk und schlug ihre Hand in meine. Tina bemerkte den Unterschied erstaunt erst nach einiger Zeit. Dann versuchte sie sofort, aus meinem Griff herauszukommen. Nur ganz allmählich durfte ich ohne Gegenwehr auch beide Hände von ihr fassen und ihre Hände zum Klatschen bringen. Als Zeremoniell blieb dieser Einstieg einige Jahre, bis das Händeklatschen am Schluss der Stunde als Belohnung stehen durfte.

Um es vorweg zu nehmen: Täglich eine Stunde, gezielt von mir und von den Kolleginnen möglichst im Laufe des Tages bedacht, brachte den Erfolg, dass Tina mit 12 Jahren begann, ohne festen Halt stolz und freudig, aber unsicher und roboterhaft zu laufen. Noch im Alter von 15 Jahren sah meine „Bestandsaufnahme“ folgendermaßen aus:

Skelettbau – fast normal
Muskeln – hypotonisch bis stark verspannt
Taktiles Empfinden – unterentwickelt
Vestibuläres Empfinden – stark verunsichert, nur vor- und wenig rückwärts Bewegung, seitlich sehr schwierig
Propriozeptives Empfinden: kaum erkennbar
Akustische Reaktionen: verzögert
Visuelle Reaktionen: verzögert, unflexibel
Körperorientierung: wenig vorhanden

Sowie durch Ferien oder Krankheit eine Trainingslücke entstanden war, musste wieder von vorn begonnen werden. Tina hatte keine Bewegungsmuster- bzw. -erfahrungen gespeichert.

4.1.3 Programm für psychomotorische, mototherapeutische Übungsstunden.

a) Einstimmung durch Berührungen und Massagen zur Lockerung und Dehnung.
b) Ein Körperschema erarbeiten durch Spielen und Singen.
c) Bewegungsmuster trainieren, die zu mehr Selbstständigkeit führen.
d) Lockerung und „Belohnung“.

***

a) Einstimmung durch Berührungen und Massagen zur Lockerung und Dehnung

Es brauchte viel Zeit, um Tina auch in der Rücken- oder Bauchlage zu massieren. Ihre frühkindlichen Reflexe (ATNR, STNR) waren so wenig abgebaut, dass sie wie auf Knopfdruck funktionierten. Lag sie auf dem Rücken, hatte sie den Kopf krampfhaft erhoben und die Arme stark angewinkelt. Versuchte ich, den Kopf auf den Boden zu legen, zog sie die Beine an, streckte ich ihre Arme oder Beine, hob sie den Kopf – anfangs fehlten mir wenigstens zwei Hände!

Da ihr taktiles Empfinden so unterentwickelt schien, benötigten wir viel Zeit und Geduld, bis Tina auf eine Berührung bewusst reagieren konnte. Aber immer strahlte sie mich an.

Den Anfang bildeten Babyspiele, wie „Kommt eine Maus die Treppe rauf“ und „Wo sind deine Ohren...“ oder „Wie das Fähnlein auf dem Turme..". Sowie sich die Möglichkeit bot, entwich mir Tina und umschlang wieder ihren Körper, wobei sie sich stark kratzte, oder sie versuchte, meine Hände zu ergreifen. Das blieb in all den Jahren so – immerhin waren wir fast 10 Jahre zusammen. Wieder wird der Titel dieses Buches deutlich! Ich werde nicht jeden einzelnen Schritt beschreiben, es würde ein Buch für sich werden. Mein Anliegen ist es, Ansätze zum Weitermachen aufzuzeigen. Daher beschränke ich mich auf eine Aufzählung der Materialien, die ich benutzt habe:

- Massagematte (durch kleine Motoren betrieben)
- Igelbälle unterschiedlicher Größen
- Luftballons, mal straff aufgeblasen, mal weich – mal mit Wasser gefüllt, mal mit Reis
- Papier – glatte Blätter zum Reiben, Papierknäuel zum Rollen und auch unter das Hemd zu stecken
- Joghurtbecher jeder Größe (mal mit der Öffnung nach unten, mal nach oben zum Abtupfen des Körpers oder auch Trommeln)
- Plastikröhren von Vitamintabletten, womit sich der Körper gut abrollen lässt oder auch Klopfmassagen möglich sind
- Tischtennis-, Tennis-, Gymnastik-, Schaumstoff-, Stoff- und Therapiebälle
- Bürsten in allen Härtegraden
- Pinsel in allen Stärken und Materialien
- Schwämme von weich bis hart
- Topfkratzer
- meine Hände

Ich massierte zunächst über dem Hemd, später auf der Haut. Je nach Behagen dehnte ich die Dauer der Massagen aus. Sehr schnell stellte sich heraus, welche Materialien Tina nicht mochte (z.B. sehr weiche, was meine Beobachtung ihres taktilen Empfindens bestätigte) und wo sie nur ungern Berührungen zuließ, z.B. im Gesicht und in den Handflächen.

b) Ein Körperschema erarbeiten durch Spielen und Singen
Das Erarbeiten eines Körperschemas ging damit einher und nahtlos ineinander über. Tina ließ sich die Spielchen und das Singen zwar gern gefallen, aber bis zum Schluss meiner Zusammenarbeit mit ihr konnte sie nicht auf Aufforderung ihre Hand oder den Fuß oder den Kopf vorzeigen.

c) Bewegungsmuster trainieren, die zu mehr Selbstständigkeit führen

Das Trainieren von Bewegungsmustern gelang besser, weil ich Tinas Wunsch nach Nähe nutzen konnte. Der Beginn war im wörtlichsten Sinne ganz unten:

Wenn wir uns im Schneidersitz vergnügt hatten, schob ich sie einfach zur Seite und wartete, was passierte. Nur Tinas Gesicht arbeitete, ihr Körper verharrte in der gekippten Lage, die ihr zwar nicht behagte, die sie aber nicht spontan ändern konnte. Es dauerte gut zehn Minuten, bis sich ihre Anspannung löste und Tina sich mit dem Ellenbogen abstützend zum Sitz aufrichten konnte. Immer wieder und wieder übten wir diese Haltungsveränderung in alle Richtungen. Ein großer Erfolg war es, als sie meinem Schubs widerstand und sich ihr Körper auspendeln konnte. Als dann nach langer Zeit sich sogar ihre Arme aus der Umklammerung lösten und sich die Beine zum Gewichtsausgleich streckten, jubelten wir beide.

Aus dieser Beschreibung lässt sich vielleicht erraten, dass mit Tina jede Bewegung, die zur Selbstständigkeit verhelfen sollte, trainiert werden musste. Das begann schon beim Aufstehen, wenn sie im Schneidersitz im Bett saß und die Beine eigentlich über den Bettrand baumeln sollten, und ging weiter über das Erklimmen des Trip-Trap-Stuhles bis hin zum Hochziehen vom Boden zum Stand.

Krankengymnastik zweimal wöchentlich reichte nicht aus, denn Tina war zu passiv. Die gymnastischen Übungen verpackte ich in spielerische Elemente und konnte Tina dadurch von den Schwierigkeiten ablenken und zum Aktivwerden verführen. Ein Beispiel für das Hochziehen aus dem Schneidersitz zum Stand:

1. Wir spielten unser bekanntes „Umkipp-Spiel“ seitlich, rückwärts, vorwärts, bis ich sie so stark nach vorne schob, dass sie sich mit den Händen abstützen musste und in den Kniestand kam.

2. Nun rollte ich einen Therapieball zwischen uns und begann mit dem so sehr geliebten Auf- und Abschlagen auf den Ball, in das Tina sehr schnell und freudig einfiel.

3. Bald hielt ich dann eine Hand von ihr auf dem Ball fest und nach einigen Minuten auch die zweite Hand.
4. und drückte sie im Stütz auf den Ball. Dabei konnte Tina mit den Armen wippen – wieder durfte sie eine Lieblingsbewegung ausführen.
5. Langsam ging ich zurück, hielt Tinas Hände auf dem Ball fest und gab ihr so den Impuls zum Aufstehen.
6. Wenn sie länger stand, ließ ich vorsichtig meine Hände von ihren und reichte sie ihr. Der Ball lag sicher und fest zwischen meinen Füßen. Tina vergaß alle Schwierigkeiten und ergriff meine Handgelenke, um mit meinen Händen zu klatschen – im Stehen!

d) Lockerung und „Belohnung“
Jede Bemühung von Tina war so einfach zu belohnen. Ich brauchte sie nur in den Arm zu nehmen und sie zu loben. Wenn ich wegging, stellte ich ihr Musik an und sie genoss dann schaukelnd und lächelnd ihre Pause.

Abb. 38

So kam Tina nach fünf Jahren harter Arbeit zum selbstständigen Laufen. Sie war nun nicht mehr unser „kleines Hündchen" (immer bei Fuß, wie wir scherzend sagten), sondern ein richtiges großes Mädchen, das vom Stuhl aufstehen und uns entgegen kommen konnte. Mühsam, aber selbstständig – und sie war stolz darauf.

4.2 Mona – wer bin ich?

Monas Erscheinungsbild habe ich unter 2.2 schon beschrieben. Sie wechselte mit sechs Jahren von der Frühfördergruppe, in der sie seit ihrem dritten Lebensjahr lebte, in die Schulgruppe. Ihr Tag-Nacht-Rhythmus war völlig gestört, was sehr häufig bei vollblinden Kindern der Fall ist. Wenn sie nachts gegen zwei Uhr ausgeschlafen hatte, weil ihr schon um 17.00 Uhr die Augen zugefallen waren, verschränkte sie die Arme hinter dem Kopf, schmiss sich mit dem gesamten, stocksteifen Körper wild und planlos im Bett hin und her und produzierte mit unterschiedlichen Lauten einen Riesenlärm. Es konnte passieren, dass Mona dabei aus dem Bett fiel oder sich an den Wänden böse den Kopf anstieß. Aber immer blieb sie in der versteiften Rückenlage, gespannt von Kopf bis zu den Zehen, setzte sich nicht auf oder beugte die Beine im Kniegelenk.

Reichte man ihr die Hände, setzte sie sich blitzschnell, nur durch das Aufrichten des Rumpfes, mit durchgestreckten Beinen auf. Wenn man sie dann auf den Schoß nahm, klammerte sie sich wie ein Äffchen fest und drückte einem fast die Luft ab. Leises Singen und Wiegen konnte Mona sehr genießen, obwohl ihr Körper dabei nicht lockerer wurde. Ich hatte den Eindruck, dass sie noch gar nicht wusste, wie ein Körper funktioniert – ihrer nicht und auch von meinem hatte sie keine Vorstellung. Scherzhaft bezeichnete ich sie als Astronaut, der im luftleeren Raum herumpurzelt.

Zum Essen wurde sie auf einen Trip-Trap-Stuhl gesetzt, auf den sie regelrecht „angepasst" werden musste: Knie beugen, Füße auf den Tritt, Kopf hoch, Hände auf den Tisch, Rücken an die Lehne. Kaum war man fertig, stakten die Beine wieder steif geradeaus, der Körper streckte sich, die Hände verschränkten sich hinter dem Kopf, der Kopf hing auf der Brust und das ganze Kind drohte, unter den Tisch zu rutschen. – Wir nahmen sie zum Füttern auf den Schoß, damit sie unsere Körperhaltung erspüren konnte. Außer aus einer Nuckelflasche mit sehr großem Loch im Sauger konnte Mona nicht trinken. Das Essen vom Löffel war ebenfalls ein Saugen. Sie weigerte sich, den Löffel anzufassen.

Mona war ein zartes Persönchen, aber mit einem sehr sturen Dickkopf ausgestattet. Schon bald wurde deutlich, dass sie mit dem rechten Ohr hören konnte. Wie und was, ließ sich nicht klären, aber sie entwickelte sogar ein Richtungshören und konnte die fünf Personen, die in der Gruppe mit ihr arbeiteten, schnell unterscheiden. Sie war glücklich über jede Zuwendung und zeigte das mit einem wunderschönen Lächeln. Auf Singspiele mit engem Körperkontakt reagierte sie sehr freudig, konnte aber ebenso wütend werden, wenn eine schöne Spielsituation zu Ende war. Dann schlug sie mit lautem Gebrüll und Tränenströmen ihren Kopf auf den Boden. Das sah sehr gefährlich aus, aber bald bemerkten wir, dass ihre Arme einen guten Puffer bildeten und sie damit aufhörte, wenn nicht schnell ein Erfolg zu verzeichnen war.

Wenn die gewünschte Beachtung nicht kam, widmete sie sich dem einzigen Spiel, das sie beherrschte: Sie schnappte sich einen Frottee-Babygreifling und schlug ihn ständig in gleichmäßigem Takt gegen ihren Kopf.

Sie brauchte so viel Hilfe! Wo sollte man beginnen? Etwas zaghaft machte ich mich an die Aufstellung der Stärken und Schwächen.

4.2.1 Was kann Mona – was mag sie?

- Mona ist eine starke Persönlichkeit
- sie hat einen ausgeprägten Willen
- kann Stimmung ausdrücken
- kann auf Stimmen reagieren
- kann Hilfen annehmen
- Zuwendung genießen
- bekannte Gegenstände ergreifen und festhalten
- mit Hilfe kann sie sitzen
- ihre Flasche trinken – sogar im Liegen

- beim An- und Ausziehen ihre Arme strecken
- sie mag Körperkontakt
- liebt Singen und Spiellieder
- mag Duschen und Baden
- lacht bei heftigeren Bewegungsspielen (Reiterspiele usw.)
- sie kann mit dem rechten Ohr hören.

Was kann Mona nicht – was mag sie nicht?

- Sie kann sich nicht vom Rücken auf den Bauch drehen
- nicht krabbeln
- nicht ihre Hände gezielt benutzen
- nicht ohne Hilfe sitzen
- nicht auf der Toilette mit Erfolg sitzen
- nicht allein essen, trinken
- mag keine unbekannten Gegenstände, Materialien anfassen
- mag nicht festgehalten werden
- nicht stehen, laufen schon gar nicht
- mag keine feste Nahrung essen.

4.2.2 Zugang finden

Mein kleiner Astronaut musste erst einmal Vertrauen zu den Menschen gewinnen und eine Vorstellung von sich und der Welt um sich herum bekommen. Bei den ärztlichen Untersuchungen wurde die erhebliche Retardierung (sie war eine Frühgeburt) bestätigt. Da sie am Herzen operiert war, musste auf ihre schwache Konstitution und Leistungsgrenze Rücksicht genommen werden. Die spastischen Schübe und nicht zurückgebildete Reflexe erschwerten ihr einen harmonischen Bewegungsablauf.

Sie liebte ihre Greiflinge so sehr, dass ich darin eine Chance zur Annäherung sah und damit die ersten Spiele zum Körperschema begann:

Morgens zum Begrüßen setzte ich mich zu ihr auf das Bett, streichelte ihren Kopf und summte ihr ins Ohr: „Guten Morgen, guten Morgen, guten Morgen, kleiner Kopf ....(Hals, Bauch, Arm, Bein, Fuß)“, dann reichte ich ihr meine Hände und sie zog sich mit dem Oberkörper zum Sitzen hoch. Nun konnte ich sie an die Bettkante ziehen und ihren Beinen zeigen, wie sie herunter baumeln können. Monas Hände führte ich an meinem Körper entlang bis zu meinen Beinen. Ich schob sie so lange am Po nach vorn, bis ihre Füße den Boden berühren konnten. Anfangs streckte sie die Beine sofort wieder von sich, doch nach einiger Zeit ließ sie es geschehen, dass die Füße den kalten Boden berührten und hatte dabei einen gespannten, forschenden Gesichtsausdruck.

Ich stellte mich vor sie, nahm ihre Hände und führte sie wieder an meinen Beinen entlang. Dabei hielt ich sie so stark und übte einen auffordernden Druck aus, dass sie den Impuls zum Aufstehen spürte. Weil sie sich ohnehin am liebsten stocksteif verhielt, stand sie plötzlich wie ein kleines Holzmännchen auf ihren Füßen. Verwundert, aber nicht unwillig. Jedenfalls richtete sich ihr Körper auf, sie nahm den Kopf hoch. Es schien, als horche sie in sich hinein. Ich wagte kaum zu atmen oder irgend etwas zu tun. Ich ließ uns Zeit für diese Situation. Ganz vorsichtig hob Mona erst den einen Fuß hoch und setzte ihn steif und patschend wieder auf den Boden, dann kam der andere Fuß an die Reihe. Diese Bewegung nahm ich auf und bald trampelten wir gemeinsam fest auf den Fußboden. Ich weiß nicht, wer von uns beiden sich mehr freute!

Der Anfang zum aufrechten Menschen war gemacht. Mein Fernziel war deshalb, Mona Freude und den Sinn dieser Haltung zu vermitteln. Vielleicht würde sie ja auch entgegen allen Prognosen das Laufen erlernen.

4.2.3 Basis-Programm für psychomotorische-mototherapeutische Übungsstunden

a) Einstimmung durch Berührung zur Lockerung
b) Massagen zur Förderung des Körperbewusstseins
c) Lageveränderungen – Körper und Raum
d) Hände bewusst machen
e) Belohnung

***

a) Einstimmung durch Berührung zur Lockerung
Da Mona vollblind und hochgradig schwerhörig, fast taub war, erschrak sie sehr schnell, wenn sie einfach ohne vorherige Ankündigung berührt wurde. Sie versteifte sich dann noch stärker und weinte. Das erklärte sich aus den vielen schlechten Erfahrungen in ihrem kleinen Leben: Krankenhaus, Ärzte, Schmerzen,

enttäuschte Hoffnungen. Ich sprach beruhigend auf sie ein, auch wenn ich nicht wusste, was sie davon hören konnte. Durch mein Sprechen wurden auch meine Bewegungen ruhig begleitetet. Die Reihenfolge der Berührungen blieb zunächst wie am Morgen. Wir lagen zusammen auf dem Fußboden. Dann setzte ich mich und nahm Mona auf den Schoß. Ich ließ es auch zu, dass sie sich an mir festklammerte. Dabei konnte ich den Rücken und den Kopf streicheln und die spürbar festen Nackenmuskeln lockern. Erst wenn Mona auch in den Armen weicher wurde und sie begann, mir mit ihren Händen den Hals zu klopfen, konnte ich sie vorsichtig von mir lösen und sie zwischen meine Beine setzen, so dass ihr Rücken sich an meinem Oberkörper anlehnen konnte. Dabei musste ich sehr aufpassen, denn sie konnte völlig unvorhergesehen ihren Kopf heftig nach hinten schlagen. Ich wäre nicht die Erste gewesen, die sich einen Nasenbeinbruch zugezogen hat!

Jede Veränderung musste erst nachwirken können. So machte ich jedes Mal eine kleine Pause, bevor ich Monas Hände nahm und sie an ihren Kopf, am Hals entlang, über den Bauch und die Beine bis zu den Füßen führen konnte. Nach einer Weile ließ sie es zu, dass ich ihre Hände auch an meinem Kopf, über die Schultern und an meinen Beinen entlang glitten. Diese Kontaktübung begleitete ich stets mit einem Singsang und dem Nennen der Körperteile. Viele Wiederholungen waren nötig, bis Mona von sich aus zeigte, dass ihr der Ablauf bekannt war und sie ihn so und nicht anders haben wollte.

b) Massagen zur Förderung des Körperbewusstseins

Zur Vertiefung des Körperbewusstseins konnten dann unterschiedliche Massagen durchgeführt werden. Da Mona auf einen Abbruch des Körperkontaktes sehr heftig reagierte, leitete ich die Massagen aus der Einstimmung ab und begann mit leichtem Reiben und Klopfen der Nacken- und Schulterpartie, die durch die ständige versteifte Haltung völlig verkrampft waren. Im Gegensatz zu vielen anderen Menschen mochte Mona lieber die direkte Handberührung ohne einen Fremdkörper dazwischen. Vor jeder neuen Handlung legte ich meine Hände zunächst ganz still auf die entsprechende Stelle und ließ die Wärme wirken. Erst dann ging ich zur Bewegung über.

Von den Schultern durfte ich dann lange Zeit nur noch den Rücken entlang wandern. Wenn ich versuchte, ihre Arme bis zu den Händen zu bearbeiten, verspannte sich Mona sofort wieder. Ich kam nur sehr langsam voran. Erst als sie auch frontal vor mir sitzen blieb, gelangen mir auch eine Handmassage und erste vorsichtige Gesichtberührungen. Nach ca. einem halben Jahr wagte Mona es das erste Mal von sich aus, ihre Hände suchend nach mir auszustrecken und meine Beine, Arme bis zum Kopf hin abzufühlen. In ihrem Gesicht konnte ich das Erkennen ablesen. Jetzt „stimmte" es zwischen uns.

Damit waren die nächsten Schritte vorbereitet. Ich konnte Mona auch im Liegen mit Bürsten, Bällen oder anderen Materialien massieren. Sogar eine Fußmassage ließ sie bald zu und genoss sie sichtlich.

c) Lageveränderungen – Körper und Raum

Noch immer war es Mona nicht möglich, sich bewusst vom Rükken auf den Bauch zu drehen oder sich gar selbstständig hinzusetzen. Ihr schien der sie umgebende Raum nicht greifbar und erkennbar zu sein.

Ich begann in ihrem Bett. Mona musste mit dem Kopf direkt am Bettoberteil anstoßen. Seitlich rollte ich Decken dicht an ihren Körper und hinter ihre Füße schob ich einen Karton. Jetzt war ihr Körper von allen Seiten begrenzt. Noch jetzt sehe ich ihr erstauntes Gesicht vor mir. Sie lag ganz still da, bis sie vorsichtig und ganz wenig ihren Kopf bewegte, dann mit den Schultern zuckte, die Arme leicht hin und her schob und mit den Füßen gegen den Karton stupste – Pause – Warten – und alles von vorn. Ich reichte ihr die Hände, sie setzte sich auf. Ich ließ ihre Hände los. Und dann geschah, was ich mir so sehr gewünscht hatte: Sie ließ sich nicht einfach wieder zurück fallen, sondern blieb sitzen und probierte, ob ihre Füße immer noch den Karton spüren konnten. Ihre Hände blieben dabei auf ihren ausgestreckten Beinen liegen. Dann wollte sie sich wieder hinlegen, wusste aber nicht wie – jedenfalls begann sie sofort zu weinen und sich mit den Händen in den Nacken zu schlagen. Erst als ich ihr wieder meine Hände reichte, wagte sie sich zurückzulegen.

Allmählich machte sich Mona mit dieser Situation vertraut und bald setzte sie sich von allein auf. Auch ließ das wilde Herumtoben nachts nach. Ein Spruch, der ja in der Kindererziehung immer wieder auftaucht: „Kinder brauchen Grenzen" verwirklichte sich hier. Ein Versuch machte es ganz deutlich, dass sich Mona in ihren engeren Grenzen wohl fühlte. Wir nahmen die Umrandungen weg. Und schon begann sie wieder mit dem alten Verhalten. Erst viel später, als sie sich in allen Körperlagen selbst und bewusst bewegen konnte, brauchte sie die Enge nicht mehr.

d) Hände bewusst machen

Die Bett-Geschichte übertrug ich auf weitere Spielmöglichkeiten. Nachdem Mona sitzen konnte, baute ich um sie herum aus großen Legosteinen einen Rahmen. Nur so groß, dass sie eben hineinpasste und mit ihren Händen den Rand abfühlen konnte. Hinlegen konnte sie sich nicht, obwohl sie es natürlich probierte und dann auch wütend werden konnte. In der ersten Zeit musste ich daneben sitzen bleiben und sie sofort aus ihrer Frustration herausholen, indem ich ihr ihren geliebten Greifling in die Hand drückte. Die Zeitabschnitte, in denen sie saß, wurden immer länger, so dass ich den Rahmen immer größer baute. Sie legte sich dann auch mit Wohlbehagen in die freie Fläche und suchte mit den Armen und Beinen die Umgrenzung. Wenn sie sich sicher war, klappte sie zum Sitzen hoch und suchte wieder nach den Widerständen. Um ihr ein „Aha-Erlebnis" zu verschaffen, legte ich dann den Greifling so in den Rahmen, dass sie ihn finden konnte. Mit glücklichem Lachen ergriff sie das Spielzeug, schlug es ein paar Mal an den Kopf und legte es wieder auf den Boden. Sie entwickelte ein richtiges Spiel für sich: Hinlegen, hin und her wälzen, den Rand berühren, aufsetzen, den Rand suchen, das Spielzeug finden ... usw. Damit konnte sie sich ausgiebig eine lange Zeit beschäftigen.

- Sie hatte viel hinzugelernt: Sich alleine aufsetzen, nicht mehr gegen Wände oder Begrenzungen schlagen, den Kopf frei aufrecht halten. Und sie musste durch den begrenzten Raum nicht ständig den Frust erleben, dass sie das Spielzeug nicht wiederfand, wenn es ihr aus der Hand gefallen war. Ein Schritt zur Selbstständigkeit!

- Dass Mona ihre Füße auf den Boden stellte, wenn sie aus dem Bett geholt wurde, war nicht nur für sie eine Errungenschaft.

Es trug sehr dazu bei, dass wir sie besser anziehen und waschen konnten. Weil sie aber ihre Hände nicht zum Festhalten benutzte, war es meistens eine sehr wacklige Angelegenheit.

Der nächste Schritt sollte also zum bewussten Einsetzen der Hände führen. Monas Arme kannten aber fast nur eine Bewegungsrichtung, nämlich mit starker Abwinklung in dem Unterarmgelenk nach oben, damit die Hände entweder auf die Schultern oder den Nacken schlagen konnten. Auch im Schlaf hielt sie die Arme in dieser Position. Wenn sie ihre Flasche im Bett trank, lag sie genau so und drehte den Kopf zur Seite. Die Arme vor den Körper zu führen und die Hände zu fassen oder die Arme einfach einmal zu strecken, das war nicht in ihrem Bewegungsprogramm enthalten.

Abb. 39

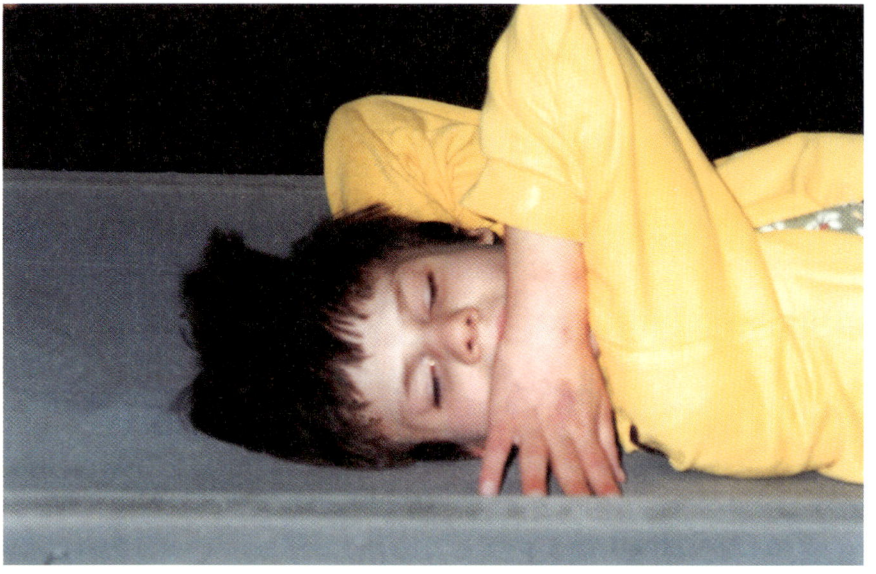

Abb. 40

Diese Haltung wurde noch dadurch verstärkt, dass die meisten Versorgungshilfen von hinten kamen. Weil Mona ja nicht stehen konnte, lehnte man sie mit dem Rücken an die eigenen Beine und hatte so die Hände frei, um sie zu waschen, anzuziehen usw. In ihr festigte sich somit die Meinung, dass von hinten jede Hilfe und Sicherheit kam.

Als mir das bewusst wurde, veränderte ich meine Handlungen mit ihr und versuchte, alles von vorn und ihr zugewandt zu tun. Eigentlich völlig normal, denn welcher Mensch wird gern ständig von hinten angesprochen?

Schon bald zeigten sich die ersten Erfolge. Mona hob den Kopf, wenn ich sie ansprach. Ihre Hände gingen zwar noch immer auf die Schultern, aber seltener gleich hinter den Kopf. (Das blieb auch nach drei Jahren noch so. Schließlich hatte sich dieses Bewegungsmuster in sechs Jahren bewährt.) Sie horchte aufmerksamer auf meine Worte und schien sogar einige zu verstehen. Nachdem ich ihr jedes Mal auf das Bein, das sie zum Anziehen hochheben sollte, getippt hatte und „hoch das Bein“ gesagt hatte, klappte es bald nur mit meiner Stimme. Der Ablauf war zwar stets gleich, so dass es nicht klar war, ob es nur die Reihenfolge oder tatsächlich das Hören war. Ein kleiner Test – Veränderung der Reihenfolge – zeigte aber sehr bald, dass es wirklich das gesprochene Wort war. Die Freude war groß.

Aber wie konnte ich sie bewegen und ihr bewusst machen, dass ihre Hände ihr zu so viel mehr dienen könnten? Zum Anziehen saß ich auf einem Hocker vor ihr. Legte ihre Hände auf meine Knie, umfasste ihre Ellenbogen und zog sie mit sanftem Druck hoch und zu mir. Sie stellte sich zwar auf die Füße, mit völlig steifen Beinen, aber sowie ich ihre Arme los ließ, waren ihre Hände wieder seitlich auf den Schultern. Wenn ich sie nicht zwischen meinen Knien eingeklemmt hätte, wäre sie wie ein Brett nach hinten gekippt, denn dort war früher immer etwas zum Anlehnen!

Sie hatte einfach keine Vorstellung von dem sie umgebenden Raum und verließ sich völlig darauf, dass sie gehalten wurde. Obwohl ihre Stabilität im Rücken und den Beinen ein freies Stehen ermöglicht hätten, ließ es ihr ungeschultes Gleichgewichtssystem nicht zu. Sie schwankte wie ein Schilfrohr im freien Raum.

Es musste wieder ein begrenzter Raum her! Obwohl Mona zu diesem Zeitpunkt schon acht Jahre alt war und so groß wie eine Fünfjährige, nahm ich einen guten alten Holzlaufstall. Wenn sie dort hineingesetzt wurde, spürte sie die von dem Legostein-Rahmen bekannte Sicherheit und begann mit den Händen um sich herum zu tasten. Da dieser Rahmen höher war, gingen mit der Zeit auch ihre Hände höher hinauf, sogar bis zum oberen Rand. Endlich streckte sie die Arme. Um das Strecken lohnender zu machen, hängte ich über den Laufstall einen Greifling (an einem stabilen Wäschegummiband) von der Decke herab auf. Zunächst so tief, dass Monas Gesicht berührt wurde. Es war richtig spannend zu beobachten, wie sie erst dieser lästigen Berührung auszuweichen versuchte und dann plötzlich mit den Händen danach suchte.

Der Greifling wurde nach und nach immer höher gehängt, so dass Mona mit gestreckten Armen auch über ihrem Kopf danach suchen musste. Als das gut gelang, erweiterte ich das Angebot durch einen Holzreifen, an dem mehrere unterschiedliche Gegenstände hingen: Greifling, Gummiring, Glöckchenball, Bürste, Schwamm – es wurde immer mal gewechselt. Je höher nun diese Spielmöglichkeit hing, desto mehr streckte sich Monas Körper und sie musste automatisch die Bewegung auf die Beine übertragen. Hin und wieder beugte sie nun sogar die Knie, um mit dem Körper besser an ihr Ziel zu gelangen.

Nach fast einem halben Jahr wagte ich es, sie im Laufstall hinzustellen, ihre Hände fest auf den Rand zu drücken und ihr mit leichtem Druck auf die Schultern zu sagen: „Bleib stehen, halt dich fest!“ Und sie blieb stehen. Allerdings mehr notgedrungen als bewusst, denn wie sie wieder zum Sitzen kommen sollte, war ihr nicht klar. Sie hielt den Rand krampfhaft umklammert, schob den Po nach hinten – die Beine blieben stocksteif. Sie verzweifelte und wollte sich mit der einen Hand an den Nacken schlagen, aber so steif wie sie war, drehte sie sich seitlich, erschrak und landete etwas unglücklich auf dem Boden. Immer wieder musste ihr gezeigt werden, wie sie ihre Knie beugen könnte und dass die Hände an den Stäben nach unten rutschen könnten. Wieder verging ein halbes Jahr, bis Mona außen an den Laufstall gestellt werden konnte. Ich hatte die Hoffnung, dass sie dann um den Laufstall herum tapsen würde. Darauf musste ich aber noch ein Jahr lang warten.

Aber ein Ziel war erreicht: Mona nutzte ihre Hände immer mehr zum Festhalten und Suchen – zum Abstützen noch nicht.

e) Belohnung
Mona nach jedem kleinen Schritt zu belohnen, war sehr einfach. Sie musste nur auf den Schoß genommen werden, ein wenig hin und her geschaukelt und ihr ein Liedchen ins Ohr gesummt werden. Schon strahlte sie über das ganze Gesicht.

Nachdem sie sitzen konnte, liebte sie aber auch wildere Reiterspiele auf den Knien oder auch auf dem Therapieball. Dann konnte sie juchzen vor Vergnügen und belohnte so auch mich.

Vier Jahre später will Mona zwar aufrecht laufen, kann es aber nur mit sehr viel Hilfe und starkem Halt an einer Hand. Selbstständig läuft sie mit einem Rollator, hat aber keine Richtungskontrolle und schiebt im Zickzack über den Flur. Auch ihre Körperhaltung kann sie nicht ausgerichtet halten. Ihr Kopf sinkt

Abb. 41

Abb. 42

schon nach kurzer Zeit der Aufmerksamkeit wieder auf die Brust und die Arme und Beine fallen in ihren gewohnten gespannten Zustand. Der Gang sieht dann aus, als sei Pinocchio lebendig geworden. Für den begleitenden Erwachsenen ist es sehr anstrengend, diese Spannung zu dirigieren und zu verhindern, dass Mona zur Seite kippt. Aber sie will hin und wieder auf die Füße und zeigt es, indem sie sich auch an Tisch oder Stuhl oder den ihr gereichten Händen zum Stand hochzieht.

Ihr Erlebnisradius ist erheblich erweitert worden. Sie kann jetzt selbst entscheiden, ob sie liegen, sitzen oder stehen möchte. Auch beim Spielen im Sitzen setzt sie ihre Arme besser ein und sucht (und findet) weggerolltes Spielzeug. Am Tisch ist die Vorstellung, wo sich das Essen befindet, sicherer geworden. Sie dreht den Kopf nicht mehr zur Seite und akzeptiert, dass die Hände nicht auf die Schultern gehören. Durch die bessere Haltung sind die Schluckschwierigkeiten weitgehend behoben. Im Ganzen ist Mona zufriedener und offener geworden.

4.3 Marlene – Ruhe und Berührungen genießen können

Marlene, die ich auch unter 2.2 schon kurz vorgestellt habe, erschien mit ihrem stabilen Körperbau und der Wendigkeit ihrer Bewegungen wie eine Sechsjährige. Sie war sieben Jahre, als sie in die Gruppe kam. Obwohl sie gut und schnell laufen konnte, weigerte sie sich, längere Strecken zu gehen und warf sich zeternd auf die Erde oder klammerte sich an irgendeinem Buggy fest. Am liebsten lag sie auf einem kalten, glatten Fußboden. Auf dem Bauch liegend leckte sie die Fläche ab, auf dem Rücken liegend bewegte sie sich schlangenförmig. Wenn ihr etwas ins Auge gefallen war, konnte sie sehr schnell aufstehen, im Zehengang dorthin gehen, den Gegenstand schnappen und sich wieder auf ihre frühere Position zurückziehen. Marlene schaffte es in kürzester Zeit nach ihrer Ankunft im Raum, dass alles zunächst durcheinander geriet: Kästen, Schubladen, Spielzeug wurden ausgekippt. Sie verlangte heftig und unwirsch nach Essen oder Trinken. Wenn sie es erhielt, konnte es passieren, dass der Teller oder das Glas in hohem Bogen über den Tisch flog.

Marlene strömte eine so starke Unruhe aus, dass sie sich auf alle Anwesenden übertrug. Sie wollte alles, wusste nicht was und wie, aber alles wollte sie gleichzeitig: Zuwendung, Alleinsein, Essen, Spielen – aber sich eine längere Zeit auf eine Sache zu konzentrieren, gelang ihr nicht.

Im Gegensatz zu den anderen Kindern der Gruppe konnte Marlene sehr viel – eigentlich (ein Wort, das unsere Hilflosigkeit sehr deutlich macht!). Sie benötigte Hilfe, die sie jedoch ablehnte, weil sie keine Nähe duldete. Immer wieder brachen sich Wut, Abwehr und Frustration in ihr Bahn, wofür sie viel Kraft verbrauchte.

Das Team kam in Absprache mit den Eltern überein, als erstes für Marlene mehr Öffnung und Ruhe zu finden. Wenn es gelang, ihr Interesse für etwas zu gewinnen, was sie zu zusammen mit uns tun mochte, was ihr Freude bereitete, wäre schon ein Anfang gemacht.

4.3.1 Was kann und was mag Marlene?

- Marlene kann sitzen, aufstehen, laufen, gehen
- selbstständig essen
- nach ihren Vorstellungen spielen
- sehen, was sie interessiert
- mit Spielzeug experimentieren
- hören
- sie liebt Musik fast jeder Art
- kann logische Zusammenhänge erkennen
- mag runde Dinge am liebsten
- sie hat eine erstaunliche Fingergeschicklichkeit
- isst gern Joghurt und Brei
- badet gern.

Was mag oder kann sie nicht?

- Sie hält längeren Körperkontakt nicht aus
- kann ihre Stimmung nicht entsprechend ausdrücken
- sie hat eine sehr geringe Frustrationstoleranzgrenze
- mag keinen Blickkontakt
- mag nicht festgehalten werden
- mag nicht spazieren gehen
- will keine Regeln einhalten, sich anpassen

- reagiert auf Anforderungen mit Entzug oder Wut
- bei Marlene lässt sich schwer erkennen, was sie wirklich nicht kann.

4.3.2 Zugang finden

Wenn Marlene in ihrer Ecke auf dem Boden lag, spielte sie nur scheinbar desinteressiert an ihrer Umgebung mit irgendeinem Gegenstand. Wenn man genau hinsah, konnte man bemerken, dass sie ständig die übrigen Personen beobachtete. Sie wollte auch ihre Ecke im gleichen Raum haben. Nur selten zog sie sich in ihr Zimmer zurück, kam meistens bald schon von allein wieder und bezog ihre Matratze, auf der sie mit zappeligen Bewegungen und allerhand Lautvariationen hantierte. Sie aus dieser Beschäftigung herauszuholen, um etwas Gemeinsames zu tun, erntete stets Ablehnung.

Ich versuchte es mit den geliebten runden Dingen und rollte ihr Holzkugeln zu, die sie blitzschnell ergriff, auf ihrer Handfläche balancierte, ableckte und im äußersten Winkel versteckte. Es stellte sich heraus, dass Marlene Farben erkennen konnte. Sie liebte offensichtlich rote Dinge mehr als andere. Bald rollte ich eine rote Kugel so, dass Marlene aus ihrer Ecke heraus musste, um die Kugel zu erreichen. Die Entfernung von der Matratze zu mir wurde langsam immer weniger. Der Reiz der roten Holzkugel war bald so groß, dass Marlene zu mir kam. Sowie sie die Kugel erwischt hatte, lief sie wieder auf die Matratze.

Jetzt konnte ich daraus ein Spielchen machen. Ich hielt die Kugel mal am ausgestreckten Arm weit vom Körper weg, mal über meinen Kopf, mal hinter meinem Rücken. Später legte ich mich auf die Kugel. Auf diese Weise berührte Marlene mich und ich konnte sie anfassen, ein körpernahes Beisammensein gefiel ihr sogar. Wieder einige Zeit später durfte ich sie mit der Kugel ab- und umrollen. Danach gelang dann sogar das gegenseitige Zurollen und Herüberreichen. Sie hatte mich als Gegenüber akzeptiert.

Von der Kugel konnte ich bald zum Ball übergehen und auch Nachahmungen von Marlene verlangen, z.B. mit den Füßen den Ball rollen oder mir reichen. Vom kleinen Gymnastikball war der

Schritt zum großen Therapieball nicht schwer. Bei den Übungen auf dem großen Ball war es für Marlene ganz selbstverständlich, dass ich sie festhalten musste, damit sie nicht hinunter fiel. Sie akzeptierte nicht nur Berührung, sie war darauf angewiesen und verlangte sie als Sicherheit. Diese Spiele konnte sie lange und mit hör- und sichtbarer Freude mitspielen.

Marlene wurde offener und war nicht mehr von vornherein ablehnend, wenn sie zum Miteinander aufgefordert wurde. Das wirkte sich z.B. auch auf ihre Tischmanieren aus. Sie blieb länger mit den anderen am Tisch sitzen und beobachtete intensiv.
Die Wege innerhalb der Einrichtung lief sie freiwillig, aber sowie es nach Draußen ging, sperrte sie sich noch lange Zeit. Trotzdem nahmen wir keinen Buggy mit, sondern dosierten die Wegstrecken von Bank zu Bank. Auf diese Weise kam meistens doch ein beträchtlicher Weg zustande. Der Rückweg war ohnehin kein Problem – den rannte Marlene völlig selbstständig und schnell!

Abb. 43

Abb. 44

Auffallend war ihr Zehen- bzw. Ballengang, die etwas schiefe Haltung und leichte Schwankungen, vor allem wenn sie langsam ging. Letzteres hing sicher mit den Hörstörungen und dem dadurch mit betroffenen Vestibulärsystem zusammen. Die schiefe Haltung hatte sich durch die Sehstörungen – sie hatte nach ärztlicher Auskunft nur periphere Seheindrücke – entwickelt und der Ballengang ist etwas, was man häufig bei behinderten Kindern mit autistischem Verhalten sehen kann.

Die ersten Kontaktschwierigkeiten waren bewältigt. Marlene kam immer öfter von allein und forderte eine Streicheleinheit – aber nur kurz und wie und wann sie es wollte. Unaufgefordert konnte man ihr zwar einmal über den Kopf streichen, aber meistens schob sie sehr bestimmt die Hand weg.

4.3.3 Basis-Programm für psychomotorische-mototherapeutische Übungsstunden

a) Einstimmung durch freie Bewegungsangebote
b) Regeln beachten, Bewegungsfolgen erlernen
c) Gleichgewicht und Fußkontakt stärken
d) Gemeinsames Handeln
e) Ruhe genießen können
f) Belohnung

***

a) Einstimmung durch freie Bewegungsangebote
Zu Beginn einer jeden Stunde durfte Marlene den Raum und die darin verteilten Dinge erobern. Im Ballengang kam sie mit einem fast verlegenen Lächeln in das Zimmer. Ihre kleinen Augen flitzten von einem Gegenstand zum anderen, bis sie das Gewünschte entdeckt hatte: einen Therapiekreisel. Er entsprach voll und ganz Marlenes Wünschen, denn er war rund, aus Holz, drehte sich gleichmäßig. Marlene setzte sich nicht etwa darauf, sondern legte sich daneben auf den Boden, so dass sie unter das Drehgewinde sehen konnte. Dann gab sie dem Kreisel einen Schubs und bewegte ihre Hände und Beine im Rhythmus des Drehens. Bald stand sie auf und legte sich zu dem großen Therapieball. Wieder schubste sie ihn, holte ihn dann auf ihren Körper und stemmte ihn weit von sich. Als nächstes kam die Massagekiste an die Reihe. Alles, was sie uninteressant fand, flog durch den Raum. Wenn sie die harte Spülbürste gefunden hatte, legte sie sich wieder zufrieden gurrend auf den Boden und kaute auf den Borsten herum. Ich ließ ihr meistens ca. 15 Minuten Zeit, wenn sie sehr unausgeglichen war, konnte es auch mal das einzige „Programm“ sein.

b) Regeln beachten, Bewegungsfolgen erlernen
Der Übergang von der ersten Phase zum Punkt „Regeln beachten und Bewegungsfolgen einhalten“, war fließend. Ich klinkte mich in Marlenes Tun ein, indem ich ihr z.B. einen kleinen Ball zurollte, den sie sofort ergriff und auf ihrer Hand drehte und balancierte. Ich stellte einen kleinen Eimer zwischen uns und forderte sie auf, den Ball in den Eimer zu werfen. Das klappte nur, wenn ich schon den nächsten Ball hoch hielt, den ich ihr dann wieder zurollte. So wechselte ein ganzer Eimer alter Tennisbälle von meiner zu ihrer Seite und in den Eimer. Am liebsten hätte Marlene ja schon nach dem zweiten Ball den ganzen Eimer ausgekippt,

mich zur Seite geschoben und die Welt um sich herum vergessen. Aber den Eimer auskippen durfte sie erst am Ende dieses Ballspiels.

Für das Spiel gab es verschiedene Variationen:
- im Liegen auf dem Bauch
- im Sitzen auf den Fersen, im Grätschsitz (war für Marlene sehr schwer, weil sie nicht korrekt sitzen konnte – nur auf dem Becken, nicht auf den Sitzhöckern)
- im Stehen
- später musste der Ball durch einen Reifen in den Eimer geworfen werden
- oder ich hielt den Eimer in unterschiedlichen Höhen.

Ganz allmählich konnte ich einen kontinuierlichen Ablauf in die Stunde bringen. Es stand ein sehr kleiner Raum zur Verfügung, in dem es einen leichten Gehbarren (Fa. Holz-Hoerz) gab, an den ich eine Holzleiter gehängt hatte. Daneben hatte ich mir einen Tisch mit einer Turnmatte als Massagetisch gestellt, darunter passte der Therapieball. Der Kreisel stand zunächst etwas versteckt an der Seite. Zusätzlich gab es eine Massagematte, die durch fünf kleine Motoren die Körperzonen massierte.

Während ich mit anderen Kindern mit der Massage und sanfter Berührung beginne, war es für Marlene wichtig, zunächst ihren Bewegungsdrang abreagieren zu können. Allerdings jetzt im Rahmen eines festen Ablaufs und der Regel: „Hör zu und mach eines nach dem anderen.“ Das hieß in diesem Fall:

- die Leiter hoch, über die Querbalken des Gehbarrens auf allen Vieren
- hindurch rutschen auf die Holme, auf den Holmen wieder auf allen Vieren zurück
- Füße auf die Erde, Hände nach oben an die Querbalken und Hand für Hand und Fuß für Fuß gehen, drehen, zurück
- auf den Tisch krabbeln und sich dort auf den Bauch legen
- ich massierte mit dem Igelball, der Bürste usw.
- im Schneidersitz hinsetzen, den Rücken gegen einen Ball gelehnt.
- Ich saß davor und begann eine kleine Massage an den Händen, dem Kopf, den Schultern, den Beinen und Füßen

- danach rutschte Marlene mit dem Po an die Tischkante, ich saß auf dem Hocker davor und hatte zwischen uns den Therapieball
- Marlene stellte die Füße auf den Ball, trampelte mit dem ganzen Fuß und der Ferse auf dem Ball
- ich stellte mich davor, sie stand mit den Füßen (Fußsohlen!) auf dem Ball, legte ihre Hände auf meine Schultern
- Marlene saß dann auf dem Ball, durfte wild darauf wippen
- Marlene saß im Schneidersitz auf dem Ball, Arme zur Seite haltend und ließ sich von mir leicht im Kreis bewegen
- danach kam die Bauch- und Rückenlage auf dem Ball
- zum Schluss holte ich den Kreisel hervor, auf den sie sich ebenfalls im Schneidersitz setzen musste und die Knie mit den Händen umfassen sollte
- nach all diesem intensiven Körperkontakt durfte sich Marlene auf die Massagematte legen und genoss dann die Vibration ohne Menschenhand!

Das alles hört sich in der Aufzählung sehr harmonisch an. Es dauerte aber fast ein Jahr, bis diese Reihenfolge ohne Widerstand und Entziehen möglich war.

c) Gleichgewicht und Fußkontakt stärken
In Punkt b) sind bereits viele Möglichkeiten zur Gleichgewichtsschulung und für den besseren Bodenkontakt der Füße enthalten. Da Marlene aber immer wieder in das Muster des Ballengangs verfiel, suchte ich nach Anreizen für sie, die sie verführten, den Fuß richtig aufzusetzen. Es ging ja nicht nur um „richtiges" Gehen, sondern darum zu verhindern, dass sich ihre Sehnen und Muskeln durch die ständige Fehlhaltung verkürzen. Eine sehr angespannte und verkrampfte Haltung von Kopf, Schultern und Nacken ging mit dem Ballengang einher. Die Ursache dafür ist auf verschiedenen Ebenen zu suchen: peripheres Sehvermögen, Gleichgewichtsstörung, autistisches Verhalten.

Viel Freude machte ihr das Stehen auf dem Therapieball. So veränderte ich auch die Laufstrecke zwischen den Gehbarren-Holmen und legte unterschiedliche Materialien aus:

- Teppichfliesen
- Kokosmatten

- Styroporflocken in Netzen
- Plastikfolie zusammengeknüllt
- Holzstäbe eng aneinander gelegt
- ein Gummi-Sitzkissen
- Schaumstoff usw.

Es war sehr gut zu sehen, was Marlene bevorzugte: das Gummi-Kissen und die Kokosmatte. Diese beiden Teile nahm ich dann vorrangig, wenn ich von ihr verlangte, dass die ganze Fußsohle stehen sollte.

Auf dem Mini-Trampolin versuchte sie ebenfalls nur mit den Ballen abzuspringen. Da sie das besonders gern tat, akzeptierte sie hier auch, dass der Fuß ganz aufgesetzt werden musste. Allerdings schummelte sie, sowie ich nicht gut aufpasste.

Beim Aufräumen in meinem Keller fielen mir ein paar alte Rollschuhe in die Hände. Solche, die man noch unter die Schuhe spannen kann. Finde ich auch ausgesprochen praktisch, weil sie immer passen. Sofort dachte ich an Marlene! Ob sie auch mit Rollschuhen auf dem Ballen gehen könnte?

Ich nahm die Rollschuhe zur nächsten Stunde mit. Ließ sie nur auf dem Boden stehen. Natürlich hatte Marlene sie sofort entdeckt – vor allem, dass an den Dingern runde Räder waren. Sie legte sich auf den Boden, hielt einen Rollschuh in der einen Hand und drehte begeistert an den vier Rollen. Ihr gesamter Körper geriet in freudige Bewegung: die Beine schrubbten über den Boden, der Rumpf rutschte hin und her, mit dem Kopf rubbelte sie über den Bodenbelag und die freie Hand begleitete das Rollen der Räder mit Drehen des Handgelenkes. Sehr angespannt saß ich sprungbereit, denn aus dieser fast ekstatischen Freude heraus konnte es geschehen, dass Marlene die Rollschuhe durch den Raum schleuderte. Und richtig! Im letzten Moment konnte ich das verhindern. Aber grundsätzlich bin ich immer dafür, dass die Kinder das Material, mit dem sie umgehen sollen, zunächst selber entdecken dürfen, bevor eine Forderung daraus entsteht.

So ließ Marlene es zu, dass ich ihr erst einen Rollschuh anschnallte und mit ihr den langen Flur entlang humpelte, rollte. Sie hatte zuerst mächtigen Respekt vor dem schnellen Abgang und setzte den Fuß mit dem Rollschuh wie zum Gehen auf. Doch schon bald stellte sie einfach den freien Fuß auf den Rollfuß, klammerte sich an meine Hände und ließ sich ziehen. Sie konnte also auch beide Rollschuhe bekommen.

Das sah für manch einen, der uns zusah, gefährlich aus und traf auf Unverständnis. Ich wurde auch gefragt, warum denn ein Kind, das nicht richtig laufen kann, nun plötzlich das Rollschuhlaufen lernen sollte. Sollte es ja gar nicht! Mir ging es um das Gleichgewicht, das Ausbalancieren der Körperachsen, den vollen Fußkontakt – und das alles mit Spaß und Anreiz, um von der Anforderung abzulenken. Der Erfolg gab mir Recht. Marlene beschäftigte sich nach einem halben Jahr allein mit den Rollschuhen auf dem Flur, indem sie sich mit aufrechter Körperhaltung an den Handläufen im Flur entlang zog und sich immer häufiger löste, um auch quer durch einen freien Raum zu rollen.

Zusätzlich zur Körperkontrolle kam ganz automatisch der richtige Einsatz der Hände zum Abstützen. Ich hatte Marlene von vornherein gezeigt, dass sie die Knie beugen und die Hände nach vorn nehmen muss, wenn es wacklig wird. Denn oft drifteten ihre Füße immer weiter auseinander und sie drohte zu kippen. Ganz schnell hatte sie meine Hilfe angenommen und landete (geschützt durch Kniepolster) auf Händen und Knien. So konnte sie zum nächsten Handlauf krabbeln und sich wieder auf die rollenden Füße stellen. Es machte ihr lange Zeit sichtliches Vergnügen.

Schon bald danach spürten wir alle auch beim Spaziergang, dass sich der Aufwand gelohnt hatte. Marlene lief sehr viel länger und besser, torkelte nicht mehr so stark, wenn sie alleine lief und ließ sich nicht mehr – oder nur noch selten – auf den Boden fallen.

d) Gemeinsames Handeln

Gemeinsames Handeln konnte Marlene nur kurzfristig ertragen, wenn die Regeln vom Erwachsenen aufgestellt wurden. Am deutlichsten zeigte sich das, wenn ich versuchte, mich in ihr Spiel einzuklinken. Wenn sie z.B. ein rundes Holzbrett auf der Hand drehte und ich meinte, dass man darauf doch gut einen Joghurtbecher balancieren könnte, warf sie beim ersten Versuch den Becher weg und wenn ich es noch einmal wagte, flog das Brett mitsamt dem Becher durch die Luft.

Da Marlene sich an den festen Ablauf der Stunde gewöhnte und auch Rituale liebte, erfand ich ein Singspiel für einen Ball, einen

Wurfring, ein Bohnensäckchen und eine Plastikschale. Marlene saß mit dem Rücken an der Wand im Grätschsitz, ich vor ihr und ich hatte meine Beine über ihre gelegt. Hinter meinem Rücken lag das Spielmaterial, das ich nacheinander einsetzte:

„Hier ist der runde Ball. Der rollt ja überall. Er rollt dir auf den Beinen, er rollt auf deinen Armen, er rollt auf deinem Bauch, er rollt auf deinem Kopf – und plumpst dann in den Topf." Ich hielt die Schale hin und Marlene musste den Ball hineinlegen. (Musste, weil sie ihn viel lieber behalten und beleckt hätte.)
„Hier ist der runde Ring. Das ist ein lustig Ding. Er dreht sich vor dir rum. Dein Fuß passt auch hinein. Dein Arm dann auch. Nun reich mir deine Hand – nun dreht sich der runde Ring wie ein lustig Ding." Indem ich Marlenes Hand hielt, konnte ich ihren Arm so bewegen, dass sich der Ring herum drehte. „Nun halt den Arm ganz hoch. Dreht sich der Ring dann noch?" (Sie schaffte das sogar!) „Jetzt plumpst er in den Topf."
„Schau dieses rote Säckchen an. Was das auf deiner Schulter kann! (Das Säckchen lag abwechselnd auf der linken und der rechten Schulter. Marlene konnte zuerst so nehmen, wie sie wollte, später dann auf Anweisung mit der rechten oder linken Hand oder auch abschütteln.) Auf dem Kopf, da liegt es gut. Das ist dein roter Hut." (Es sollte zunächst liegen bleiben, dann wieder mit je einer Hand oder auch mit beiden gleichzeitig herunter genommen werden – zum Schluss in den Topf genickt werden.)

Dieses Spiel liebte Marlene sehr. Es enthielt wieder vieles, was sie bevorzugte: runde Gegenstände, kreisende Bewegungen, Gesang – dafür nahm sie die Regeln und die Regie in Kauf. Verborgen sind darin Ansätze zum Körperbewusstsein, zur Koordinierung, visuellen und akustischen Wahrnehmung, Material- sowie Sozialerfahrung.

e) Ruhe genießen können

Nach einem solchen Programm, das den Wechsel von Ruhe und Bewegung, von Regel und Freispiel beinhaltet, ließ Marlene auch längere gezielte Massagen zu. Bei der Fußmassage (an die Reflexzonen-Massage angelehnt) wurde sie ruhig und entspannt, schloss sogar manchmal die Augen und ließ die Arme neben ihrem Körper liegen. Sie liebte auch sehr, wenn ich sie über einem Blatt Papier kreisend abrieb oder mit den Fingern tippte.

Große Schwierigkeiten hatte sie, wenn ich ihre Hände massieren wollte. Jeden Finger und die Handrücken ließ sie zu, aber in der Handfläche duldete sie höchstens einen Tennis- oder Tischtennisball.

f) Belohnung
Die Belohnung durfte sich Marlene aussuchen. Mal wünschte sie sich den Therapieball, mal den Kreisel, oft auch nur die Massagematte und dass ich ganz weit weg gehe ...

Für Marlene war die Regelmäßigkeit besonders wichtig und die echte Konsequenz in meinem Verhalten. Im Umgang mit ihr ist mir noch einmal sehr bewusst geworden, wie wichtig es ist, vorher genau zu überlegen, warum ich etwas von einem Kind fordere und ob das Kind das auch leisten kann. Denn wenn ich eine Forderung stelle, muss ich das Ernst meinen und durchhalten. Ein „Na ja, dann eben nicht so, sondern so ...“ wirkt auf das Kind sehr unglaubwürdig. Es könnte sich nicht ernst genommen fühlen und die Angelegenheit eben doch nicht so wichtig sein. Lieber wirklich vorsichtig und mit weniger beginnen, als später Rückzüge machen zu müssen. Marlene hat mir beigebracht, dass man manchmal über eine Forderung nicht hinauskommt. Unter Umständen muss man die ganze Stunde lang auf die Umsetzung hinarbeiten!

Sowie Marlene eine Lücke auch nur erahnte, war sie schon hindurch geschlüpft. Nur durch liebevolle Konsequenz von allen, die mit ihr umgingen, lernte sie, sich wenigstens für einige Zeit anzupassen – sei es am Tisch, bei Lerneinheiten im Schulzimmer oder auch bei Gruppenunternehmungen.

4.4 Ali – Frühkindliche Reflexe überwinden

Mit Ali kam das jüngste Kind in die Gruppe. Er war erst zwei Jahre alt, unser kleiner Frosch. Dieser Kosename gibt bereits einen kleinen Hinweis auf Alis motorisches Erscheinungsbild. Er lag auf dem Rücken, die Arme und Beine seitlich abgewinkelt und bewegte sich nur, indem er sich mit den völlig seitlich verdrehten Füßen vom Boden abstieß. Auf den Bauch oder die Seite drehen konnte er sich nicht. Wenn ich ihn zum Sitzen auffordern wollte und seine Hände fasste, wusste er mit dem Impuls nichts anderes anzufangen, als seinen Kopf in den Nacken zu werfen. Ali war vollblind, auch wenn seine wunderschönen, fast schwarzen Augen mich anzusehen schienen. Sein Gehör hingegen war recht gut, jedenfalls lauschte er mit angestrengtem Gesicht jedem Geräusch entgegen. Seine Körpergröße entsprach seinem Alter. Sein Hydrocephalus war durch eine Drainage versorgt und sein Anfallsleiden medikamentös eingestellt.

Wenn man Ali aus seinem Bett heben wollte, verspannte er seine Beine und Arme so stark, dass er wie ein Frosch aussah. Es war nicht leicht, dabei auch auf seinen Kopf zu achten, der ihm nicht gehorchen wollte und nach hinten fiel. Man konnte Ali wie einen Säugling behandeln und über die Schulter gelehnt tragen, aber Ali hielt sich nicht fest. Seine Hände waren stets zu festen Fäusten geballt, der Daumen innenliegend. Er musste gefüttert werden und aß seinen Brei gut und zügig vom Löffel. Das Trinken bereitete Schwierigkeiten, weil er zwar nicht aus der Flasche saugen wollte, aber aus der Tasse auch nicht richtig trinken konnte. Anfangs mussten wir löffeln. Er wollte nur essen und veranstaltete beim Trinken ein riesiges Geschrei, wobei er sich dann verschluckte – die Trinkerfahrungen wurden dadurch nicht positiver!

Wenn es gelingen würde, Ali zu einer besseren Körperhaltung zu bringen, damit sein Kopf frei beweglich und somit die Voraussetzungen für ein richtiges Schlucken gegeben wäre ...

„Babyturnen“ war angesagt! Und eine intensive Zusammenarbeit mit der Krankengymnastik und Esstherapeutin.

4.4.1 Was kann und was mag Ali?

- Ali schmust gern
- Ali mag gern gestreichelt und massiert werden
- mag Kinderlieder hören
- er kann seine Freude ebenso ausdrücken wie sein Unbehagen
- er reagiert auf Ansprache freudig und auf Abwenden zornig
- Ali mag leichte Schaukelspiele
- mag gern Milchbrei
- kann dann auch schlucken
- in die Faust geschobenes Spielzeug hält er fest

- er mag Spazierfahrten
- in der Karre im Garten in der Sonne stehen und Vogelgezwitscher hören
- sehr unterschiedliche Laute produzieren und offensichtlich mit seiner Stimme experimentieren.

Was mag oder kann er nicht?

- Ali kann seine Lage nicht selbst verändern
- nicht sprechen
- seinen Kopf nicht aufrecht halten
- Fäuste nicht öffnen
- seine Hände nicht zueinander bringen
- er mag ungern trinken
- die Bauchlage liebt er nicht
- kann seine Hände dabei nicht aufstützen
- baden mag er nicht
- mag nicht alleine sein
- er kann nicht sitzen.

4.4.2 Zugang finden

Das war bei Ali nicht schwer. Er war ein richtig süßer Kerl und genoss so sehr die Körpernähe und alle Zuwendung, die er bekam. So war bereits das morgendliche Waschen, Windeln, Anziehen der erste Zugang. Alles, was Säuglinge mögen, mochte er auch: Streicheln, den Bauch massieren beim Eincremen, „Kukkuck-Ba“ beim Anziehen. Sowie Ali nackt auf dem Wickeltisch lag, begann er mit wichtigem Gesichtsausdruck mit den Armen und Beinen zu rudern – Strampeln war es nicht, da alle Bewegungen seitlich ausgeführt wurden. Er brabbelte dabei fröhlich und schien mich anzusehen. Es konnte nicht abgeklärt werden, was und wie viel er sah. Wahrscheinlich aber Hell und Dunkel und Umrisse, denn er verfolgte – wenn auch verzögert – meine Bewegungen oder auch Gegenstände und kniff die Augen zusammen, wenn auf Schatten schnell Helligkeit folgte. Außerdem richtete er seine Augen sofort auf Geräuschquellen.

Ich nutzte seine Freude an textilfreier Bewegung und packte um in herum Schaumstoffkissen so, dass er seine Beine nicht in die Froschhaltung ziehen konnte. Zuerst wurde er etwas ärgerlich über die Begrenzung, aber sehr schnell überwog der Wunsch nach Bewegung. Er strampelte nun auch mit einigermaßen geraden Beinen. Die Knie zum Bauch ziehen konnte er nicht von allein. Daraus machte ich ein Strampelspiel. Ich nahm seine Knie und hielt die Beinchen so angewinkelt, dass die Füße locker herunter baumelten. Das taten sie in dieser Haltung sogar, obwohl sie sonst ständig verspannt zur Außenseite gedreht blieben. Wenn ich nun an seinen Knien rüttelte, schlackerten die Füße in alle Richtungen. Als Unterstützung sang ich das Kinderlied: „Es geht ein Bi-Ba-Butzemann..." Zu „er rüttelt sich, er schüttelt sich" quietschte Ali vor Vergnügen. Nach dieser Strampelaktion begann das wesentlich komplizierte Anziehen. Ali verspannte sich sofort wieder in seiner Froschhaltung. Die Spannung seiner Arme und Beine war so stark, dass es lange brauchte, um in Ärmel oder Hosenbeine zu gelangen. Der Kopf konnte zuerst auch nur im Liegen durch den Halsausschnitt geschoben werden. Erst als er darauf reagierte, dass man ihm die Hände festhielt, die Arme vorsichtig lang zog und immer wieder aufforderte: „Na, komm!", versuchte er seinen Kopf zu heben. Wie aber sollte er das können, wenn er noch nicht einmal in der Bauchlage dazu fähig war, wie es zwei- bis dreimonatigen Säuglingen gelang? Sein „Basis-Programm" sah so aus:

4.4.3 Basis-Programm

a) Einstimmung durch Massage und Spiel
b) Gymnastik zur Kräftigung der Nacken-, Rücken- und Bauchmuskulatur Dehnung der Arm- und Beinmuskulatur
c) Überwindung der persistierenden Reflexe Anregungen zur selbständigen Lageveränderung
d) Belohnung

***

a) Einstimmung durch Massage und Spiel

Ali war ein Schmusekind. So genoss er den engen Körperkontakt ebenso wie kleine Massagen und Spielchen mit Gesang. Er war sehr schreckhaft und reagierte auf plötzliche Berührung oder laute Ansprache mit lautem Protestgeschrei. Man musste sich vorsichtig nähern. Zu Beginn sprach ich ihn an, sagte ihm, dass ich komme und setzte mich zum ihm auf die Strampeldecke. Wenn seine Augen meiner Stimme gefolgt waren, wusste ich, dass er bereit war.

Nun konnte ich über die Berührung seiner fest geballten Fäuste, dem Streicheln der Arme, langsam über den Kopf und das Gesicht zum Bauch vordringen. „Kommt eine Maus die Treppe 'rauf..." begeisterte ihn wie jedes Kleinkind.

Mit dem abgewandelten Lied aus „Lernspiele für das behinderte Kind" von Barbara Böke: „Ich habe einen Kopf" gelang die Annäherung perfekt. Ich sang jeden Teil doppelt.

„Ich habe einen Kopf" dabei umrundete ich Alis Kopf mit meiner Hand.
„Zwei Ohren hab ich auch" dabei zupfte ich an den Ohrläppchen.
„Und einen dicken Bauch" dabei klopfte ich mit der flachen Hand auf seinen Bauch – und er quietschte und strampelte.

„Ich habe auch zwei Arme" nun strich ich auf seinen Armen entlang.
„Zwei Hände hab ich auch" die Hände wurden gestreichelt, später durfte ich sogar einen Finger zwischen die Fäuste schieben.
„Und einen dicken Bauch" ... s. o.

„Ich habe auch zwei Beine" mit beiden Händen strich ich fest auf den Beinen entlang, die sich dann sogar etwas strecken konnten.
„Ich habe auch zwei Füße" dazu nahm ich in jede Hand einen Fuß und hielt ihn umschlossen.
„Und einen dicken Bauch"... s. o.

Danach nahm ich Ali auf den Arm und ging ein wenig im Raum herum und summte ihm noch einmal das Spiellied ins Ohr. Dabei trug ich ihn zum Tisch, auf den ich eine Matte gelegt hatte, zur Gymnastik.

b) Gymnastik zur Kräftigung der Nacken-, Rücken- und Bauchmuskulatur Dehnung der Arm- und Beinmuskulatur

Wie ich bereits beschrieben habe, konnte Ali seinen Kopf nicht selber halten. Das beeinträchtigte vor allem auch sein Schluck-Verhalten und bereitete beim Trinken Schwierigkeiten. Außerdem war ohne Kopfkontrolle an ein freies Sitzen überhaupt nicht zu denken. So sprach ich mich mit der Krankengymnastin ab. Wir konzentrierten uns darauf, über eine Lockerung an eine Kräftigung der Nacken-, Rücken- und Bauchmuskulatur heranzugehen.

Wenn man an Alis Händen zog, um ihn zum Hochkommen zu ermuntern, wölbte er seinen Rücken hoch und der Kopf schob sich in den Nacken, die Beine zogen sich noch stärker in die Froschhaltung und die Anstrengung stand in seinem kleinen Gesicht geschrieben. Um ihm die Bewegung leichter zu machen, legte ich ihn auf ein Keilkissen. So lag der Kopf bereits etwas über der Längsachse seines Körpers nach vorn ausgerichtet. Um sein Kinn zur Brust zu bewegen, kitzelte ich ihn in der Mulde zwischen dem Schlüsselbein – dabei zieht man automatisch das Kinn an.
Um diese Bewegung auszulösen, streichelte ich ihn auch mit einer Feder. Zuerst über die Hände, die Arme hinauf, die Wangen und dann den Hals. Wieder drückte Ali das Kinn nach unten. Bald tat er das auch dann schon, wenn ich nur einen Finger auf das Kinn legte. In jeden Kontakt mit ihm baute ich diese „Übung" ein. Ganz langsam entwickelte sich eine bessere Kopfhaltung als Ausgangsposition, um sich an meinen Händen zum Sitzen ziehen zu lassen.

Dafür hätte ich aber gut eine dritte Hand brauchen können. Wenn mir eine Kollegin dabei helfen wollte, war Ali abgelenkt und es klappte gar nichts. So kam ich auf die Idee, einen Kochlöffel zwischen seine Fäuste zu schieben. Er hielt ihn wie eine kleine Reckstange. Sein Greifreflex war noch so stark ausgeprägt, dass er den Löffel auch dann nicht losließ, wenn ich nun zwischen beiden Fäusten daran zog. Das konnte ich mit einer Hand! Also: einen Finger auf das Kinn, eine Hand an den Kochlöffel und mit leichtem Zug daran: „Na komm!" Es war richtig spannend zu sehen, wie Alis Kopf Zentimeter für Zentimeter höher kam. Das war nun die Übung für lange Zeit. Jedes Mal schien er verwundert über das neue Körpergefühl, wenn er mit erhobenem Kopf fest mit den stark angespannten Armen an den Kochlöffel geklammert vor mir saß. Die Anstrengung war aber schnell vergessen, wenn ich dann einfach zur Lockerung den Kochlöffel mit dem Reiterlied bewegte:

„Hopp, hopp, hopp, Reiter lauf Galopp ..." so als hielte Ali die Zügel.
Er lachte dabei und ließ seine Arme locker werden – leider auch den Kopf, der dann wieder nach hinten kippte. Wir übten weiter.

Das Keilkissen wurde zur ständigen Unterlage, wenn Ali auf der Strampeldecke lag. Darüber hing eine Schnur mit Glöckchen und verschiedenen Materialien (wie die Baby-Brücken) so tief, dass er ohne Anstrengung, fast zufällig mit seinen Fäustchen daran stieß. Zuerst erschrak er, wenn die Glöckchen bimmelten. Dann lauschte er hinterher und war verwundert, dass es nun ruhig war. Den Zusammenhang hatte er nicht erkannt. Allerdings nur für eine kurze Zeit. Nach fast einer Woche hatte er die Sache durchschaut und ruderte immer stärker mit den Armen, um möglichst viel Lärm zu machen. So kam es, dass die Schnur immer einen Zentimeter höher gespannt wurde. Was ich mir erhofft hatte, traf ein: Ali streckte seine Arme! Und mit der Armstreckung öffneten sich auch die Fäuste für einen Moment. Als das immer häufiger und zuverlässiger eintrat, wagte ich es, Ali auf den Bauch zu legen und zwar so, dass sein Kopf über den hohen Rand des Keilkissens hing.

Wütendes Gebrüll war die Antwort auf diese Veränderung. Ali ruderte wie wild auf dem Keilkissen. Die Arme waren zwar ausgestreckt, aber neben seinem Körper. Sogar die Beine streckte er lang, während er wie ein Fisch auf dem Trockenen zappelte. Dadurch rutschte er vom Keilkissen und war zunächst zufrieden, um dann genau so verzweifelt zu brüllen wie vorher. Das musste ich aushalten, obwohl mir der Kleine leid tat. Aber wenn ich ihn aus dieser Lage gleich wieder befreite, würde er nie versuchen, selber heraus zu kommen.

Nun hatte ich beobachtet, wie er mit den Füßen nach Halt zu suchen schien. Als erstes legte ich ihn also so, dass seine Füße Widerstand spürten, wenn er strampelte. Das fand er gut, rutschte allerdings dadurch mehr nach vorne und landete unsanft auf seiner Nase, denn die Arme und Hände halfen ihm ja nicht. Sie kamen einfach nicht über die Seiten nach vorn, sondern ragten nur steif nach hinten. Eine kleine aufblasbare Rolle half. Ich legte ihn so darüber, dass seine Arme neben seinem Kopf waren und bewegte ihn vor und zurück. Seine Arme waren zwar angewinkelt, aber seine Fäuste berührten nun den Boden beim Vorwärtsrollen und seine Füße stießen an die Wand. Er konnte Grenzen spüren. Und dann kam auch der Kopf hoch. Zuerst nur eben die Stirn vom Boden – und plumps wieder runter. Je vertrauter er mit der Situation wurde, desto länger hielt er den Kopf, wenn ich ihm nur wenig Halt durch meine Hand auf dem Po gab.

Ali bekam nun einen Spezialstuhl angepasst, in dem er sitzen konnte. Jedenfalls für kürzere Zeit, z.B. zum Füttern. Der Stuhl hatte gute seitliche Stützen für den Kopf und auch leichte Korrekturmöglichkeiten für die Beinhaltung. Zum Essen war es genau das Richtige, weil durch die aufrechte Körper- und Kopfhaltung der Schluckvorgang besser war. Wir beobachteten auch, dass Ali sehr aufmerksam wurde, wenn er saß und die Welt um ihn herum in dieser Haltung spürte. Die Stimmen und Geräusche kamen ja nun aus einem anderen Winkel an seinen Ohren an. Wenn er nach einer „Sitzung" aber wieder liegen konnte, strampelte und krakelte er mit doppeltem Einsatz und genoss die wiedergewonnene Freiheit. Es galt also einen guten Kompromiss zu finden.

Durch die Arbeit mit Ali vertiefte ich mich wieder mehr in die Entwicklungslehre, um mir über die einzelnen Schritte klarer zu werden. Ich begann, die Bewegungen der Kinder und meine eigene differenzierter zu beobachten und bewusster wahrzunehmen. Bewusste Bewegung ist auch das Leitwort von Moshe Feldenkrais. Ich ging zu einem Seminar und erlebte meinen Körper, das Zusammenspiel von Muskeln, Bändern, Knochen und Gehirn neu. Mir wurde dabei z.B. deutlich, dass man die Schultern nach vorn nehmen muss, wenn man den Kopf und den Oberkörper aufrichten will. Ali aber presste seine Schultern nach hinten. Es musste also zunächst gelingen, seinen Schultergürtel so zu lockern und zu aktivieren, dass er bereitwillig seine Arme und die Schultern nach vorne strecken wollte und konnte. Erst dann ist es ihm möglich, sich aus der Rückenlage auf dem Ball aufzurichten. Den großen Therapieball liebte Ali sehr.

Lockeres Hin- und Herrollen, leichtes Wippen machte ihm auf dem Ball Freude, in Rückenlage ebenso wie auf dem Bauch. Ich konnte auf diese Weise die Schultern massieren und ihn durch Herausfinden von kleinen Reizpunkten dazu bringen, die Schulterblätter zu bewegen. Wenn er sich kurz danach dann aufrichten sollte, klappte das wenigstens einmal schon gut, bevor das alte Haltungsmuster wieder die Oberhand gewann. Das wird noch lange so bleiben.

c) Überwindung der persistierenden Reflexe Anregungen zur selbständigen Lageveränderung

Am meisten hinderten Ali aber die sogenannten persistierenden Reflexe, die bei ihm so stark waren, dass er bei jeder unvorhergesehenen Lageveränderung oder auch nur Berührung sofort in eine starre Froschhaltung fiel. Auch wenn er sich erschrak, zeigten seine Arme die typische Bogenschützen-Haltung. Alles in dem kleinen Körper war angespannt. Er hatte durch Krankenhaus und Operationen so viele schlechte Erfahrungen gespeichert.

Deshalb war es besonders wichtig, jede Annäherung durch Ansprache anzukündigen und dann erst kam die vorsichtige, liebevolle Berührung.

Wenn er allerdings in diese Relflexhaltungen geraten war, half nur ein sanftes Ausstreichen der verhärteten Muskulatur.

Und ganz allmählich löste sich die Spannung aus dem Körper bis hin zum Gesicht und Ali war wieder ansprechbar und zu Späßen bereit. Bei ihm kam das Bild der Schnecke besonders stark zum Ausdruck! Auch was das Entwicklungstempo angeht. Obwohl Ali zweimal wöchentlich Krankengymnastik nach Bobath und Vojta hatte und täglich von mir „bearbeitet“ wurde, waren auch nach einem Jahr noch keine Erfolge für Außenstehende zu sehen. Wir aber waren sehr zufrieden, dass Ali freudig auf die Bewegungsangebote reagierte, seinen Kopf halten konnte und hin und wieder sogar mit seinen Händen zu spielen begann.

Durch alle möglichen Einbauten – mal eine Rolle unter die Matratze, mal das Keilkissen auf der einen, dann auf der anderen Seite – und unterschiedliche Lagerungen lockte ich „selbstständige“ Lageveränderungen herbei: Lag Ali auf der Seite und war durch eine Rolle daran gehindert, auf den Rücken zu rollen, kippte er auf den Bauch. So musste er sich bemühen, in eine für ihn akzeptable Lage zu kommen. Lag er auf einer schrägen Ebene auf dem Bauch und konnte er sich mit den Füßen abstoßen, gelang es ihm, auf den Rücken zu rollen. Dann war die Freude groß.

Hier war Erfindungsgeist gefragt. Alles, was nur irgendwie zum Rollen, Kullern und Drehen geeignet war, wurde zum Turngerät:

Teppichboden-Rollen, Webgarnspulen, kleine Bälle, große Bälle über einer Matte, Hängematte usw. Je mehr Lage-Erfahrungen Ali machte, desto geringer war das Auftreten der Reflexe bzw. desto schneller löste er sich nach anfänglichem Schreck. Bald schon konnte ich mit ihm sogar „Hoppe, hoppe Reiter“ mit Hinunterplumpsen spielen und er juchzte dazu.

In diesem Zusammenhang machte ich wieder die Erfahrung, dass es nicht nur für das Kind schöner und wichtig ist, wenn Musik (gesungen am besten) dabei ist. Durch die Musik wird auch meine eigene Bewegung gesteuert und leichter. Sie überträgt sich entspannend auf das Kind.

Selbst beim Baden, das Ali ganz offensichtlich und hörbar zuerst nicht mochte, weil er es nicht kannte, half das Singen – und wenn es auch manchmal nur ein Summen war, das im Gebrüll fast unterging. Wir hatten für die Badewanne ein Gestell mit einem absenkbaren Liegenetz. Ali konnte darauf bequem liegen und langsam, mit den Füßen zuerst, ins Wasser gesenkt werden. Lustig fand er das Duschen – solange das Wasser nicht im Gesicht landete. Ich ließ ihn nur soweit hinunter, dass die Füße im Wasser waren und duschte mit der Handbrause in kreisenden Bewegungen über seinen Körper. Das konnte er sehr genießen.

So ging es langsam, aber stetig abwärts, bis der ganze Körper in der Wanne im Wasser lag. Die Geduld wurde belohnt, Ali strampelte vergnügt und ließ sich mit einem Schwamm genauso massieren wie mit einer weichen Bürste (basale Stimulation). Eine Lageveränderung war allerdings nicht zu erreichen. Sowie ich ihn hoch nahm, verwandelte sich der fröhliche Strampler wieder in einen Frosch.

d) Belohnung

Belohnungen brauchte ich mir nicht extra zu überlegen. Nach getaner „Arbeit“ musste man ihn einfach knuddeln und ihn noch ein wenig herumtragen. Das war nach wie vor für ihn das Schönste.

Auffallend ist in der Entwicklung von Ali, wie viel aufmerksamer er in sitzender Position geworden ist. Seine Kopfhaltung ist recht stabil. Immer häufiger löst er sich aus den Polstern seiner Kopfstütze am Stuhl und dreht und wendet seinen Kopf. Damit einher geht die Armhaltung. Er kann jetzt seine Hände zusammenführen und auch schon einmal einen Gegenstand loslassen, wenn man auf die Hand tippt. Das Schlucken beim Essen ist problemloser, aber beim Trinken muss immer noch sehr aufgepasst werden, dass er sich nicht verschluckt.

Ali bekam auch Orthesen (Fußschienen), da sich die Fehlstellung seiner Füße zwar lockern, aber nicht von ihm selbstständig korrigieren ließ. Ob er jemals zum Stehen oder Laufen kommt, ist völlig ungewiss – zumindest wird es noch dauern. Durch unsere Beobachtungen sind wir zu einer zwar nicht ganz korrekten, aber für viele Gebiete zutreffenden Formel gelangt: Lebensjahre sind bei unseren Kindern oft mit Monaten gleichzusetzen. Ali war dann also knapp drei Monate alt ...

Abb. 45

Abb. 46

4.5 Silke – lockerer und selbstbewusster

Auch Silkes Erscheinungsbild erwähnte ich schon in Kap. 2.2. In ihrer Gruppe war Silke die Älteste und war sich dieser Stellung voll bewusst. Es war die Rolle, die sie gewohnt war, denn ihr siebenjähriger Bruder war mit ihr zusammen gekommen. Sie teilten sich ein Zimmer wie zu Hause. Für beide Kinder war es ein großer Einschnitt, nun wochentags bei uns zu wohnen und nur noch am Wochenende nach Hause zu fahren. Aber die Entfernung war einfach zu weit für einen täglichen Schulweg. Unter dieser Umstellung litten die Eltern ebenso wie die Kinder. Mittlerweile hat sich alles eingependelt. Montags sind die Kinder noch ein wenig ruhig, aber ab Dienstag werden sie munter und fröhlich. Es ist für sie eine gute Chance, auf ihren weiteren Lebensweg vorbereitet zu werden.

Silke hörte ohne Hörgeräte fast nichts, nur lautes Gebrüll direkt am Ohr. Mit den Hörgeräten nahm sie selbst geflüsterte Worte wahr – vor allem, wenn sie nicht für sie bestimmt waren. Durch die gute und sehr frühe Versorgung hatte sie sprechen gelernt und sprach fast normal. Zuerst fiel nicht auf, dass ihr Wortschatz für ihr Alter gering war. Aber sie verstand Spaß, hatte Freude an Liedern und Reimen und am Vorlesen. Am Lesen noch nicht so ganz. Das war erst in den Anfängen und hing mit ihrer sehr starken Sehbehinderung zusammen. Silke trug eine Brille, die ihr zwar viel half, aber die Sehfeld-Einschränkungen nicht ausgleichen konnte. Mir fiel auf, dass Silke oft eine etwas verkrampfte Kopfhaltung hatte, weil sie durch Kopfbewegungen die seitlichen und oberen und unteren Bildränder mit den Augen abtasten mußte. Ihre Erkrankung kann fortschreitend sein. Was wusste oder ahnte sie davon?

Silke wirkte sehr unbeholfen, sowie der Raum etwas dunkler war. Sogar ängstlich reagierte sie und betätigte sofort den Lichtschalter. Andererseits war sie sehr blendempfindlich, sowie die Sonne ihr ins Gesicht schien. Darum trug sie draußen stets eine Schirmmütze.

Schreiben, Rechnen und Lesen konnte Silke in Anfängen. Aber sie hatte ständig Sorge, etwas nicht richtig zu machen. Lob erwiderte sie mit schüchternem Lächeln, aber stolzem Blick. Eine kleine Korrektur oder ein Hinweis auf einen Fehler trieb ihr Tränen in die Augen und machte sie still und in sich gekehrt.

Ihr soziales Verhalten war „typisch zehn“: Schwankend zwischen großer Hilfsbereitschaft, Besserwissen, Aufpassen und Verteidigung der Privatzone. Ihrem Bruder gegenüber wirkte sie oft wie eine Ersatzmama, was ihm manchmal gut tat und ihn manchmal nervte – ebenso erging es Silke damit.

4.5.1 Zugang finden

Silke litt sehr unter der Trennung von Zuhause. Tagsüber versteckte sie das unter altklugen Sprüchen und großer Fürsorge für ihren Bruder. Angestrengt achtete sie darauf, allen zu gefallen und nichts falsch zu machen. So sehr sie sich danach sehnte, ebenso wie der kleine Bruder in den Arm genommen zu werden, so sehr blieb sie durch „vernünftiges“ Reden auf Abstand. Abends im Bett aber weinte sie und ließ sich in den Arm nehmen und trösten.

In der früheren Blindenschule hatte sie die Erfahrung machen müssen, dass sie aufgrund ihrer Schwerhörigkeit vieles nicht mitbekam und hinterher hinkte. Jetzt war sie die älteste in der Gruppe und eine der leistungsstärksten. Aber manuell war sie recht ungeschickt und ungeübt, daher sehr unsicher.

In ihrer Eigenversorgung (anziehen, waschen usw.) war Silke selbstständig und auch typisch zehn Jahre alt: Ja nicht zu viel Wasser und zu oft frische Sachen anziehen. Aber sie liebte Mädchenkleidung, nicht nur Hosen. Durch die Kleidung von uns Erwachsenen, die sie sehr genau begutachtete, konnten wir Einfluss nehmen. Genau wie wir, bewegte sie sich viel freier, wenn sie sich schön fand.

Silke brachte Puppen von zu Hause mit, die sie zwar wenig, aber sehr liebevoll behandelte. Sie schliefen im Bett mit ihr. Im Gespräch über ihre Puppen öffnete sie sich und erzählte von zu Hause, ihren Freunden. Wenn wir dann ganz nah zusammen saßen, kuschelte sie sich an mich und konnte es genießen, ohne sich eine Blöße zu geben. Eine wirklich vorsichtige Annäherung geschah.

Nach einem halben Jahr hatte sie ihren Platz gefunden, wurde zutraulicher und gleichzeitig aufmüpfiger, aber auch so viel fröhlicher und erdachte sogar kleine Neckereien für uns. Trotzdem war es sehr schwierig, Silkes Frustrationsgrenze nicht zu überschreiten. Schon das kleinste Versagen, z.B. ein Übermalen einer Figur oder eine Schnittlinie mit der Schere nicht einzuhalten, verursachte Traurigkeit und Mutlosigkeit. Sie sagte zwar nicht „das kann ich nicht", aber reagierte durch Verweigerung mit „das will ich nicht". Für Silke war Lob so wichtig, wie Wasser für die Blumen. Dann kam ihr Kopf hoch und die nächste Anforderung wurde wesentlich leichter und besser bewältigt.

4.5.2 Was kann – was mag Silke

- Silke kann sich allein versorgen (waschen, anziehen, kämmen, Hörgeräte richtig einsetzen, Brille säubern usw.)
- den Tisch decken
- Brot in Anfängen selber streichen
- Getränke eingießen

- in Anfängen lesen, schreiben, rechnen, malen, kleben, schneiden
- gut und ausdauernd gehen und laufen
- gut sprechen
- sie mag sich gern unterhalten und Gesprächen anderer zuhören
- lässt sich gern etwas vorlesen
- geht gern schwimmen
- spielt mit Puppen
- zieht sich gern „schön" an
- spielt mit anderen
- mag Musik und singen

Was kann und mag Silke nicht:

- ihre Kleidung passend zusammenstellen
- den Brotbelag gleichmäßig verstreichen
- schneiden mit Messer und Schere
- figürliches Zeichnen und Malen
- selbstständig etwas schreiben
- auf dem Fußboden sitzen
- allein Wünsche äußern
- schlafen, wenn alles dunkel ist
- duschen und Haare waschen – Waschen überhaupt
- Mittag essen – unbekannte Speisen probieren

4.5.3 Basis-Programm

a) Körpergefühl – Körperschema stärken
b) Sicherheit durch Kräftigung der Muskulatur trainieren
c) Auge-Hand-Koordination schulen
d) Belohnung

***

a) Körpergefühl – Körperschema stärken
Dass Silke kein ausgeprägtes Körpergefühl und Kenntnisse über die Zusammenhänge des Körpers hatte, fiel mir zunächst nur auf, wenn sie auf Aufforderung Menschen malen sollte. Trotz ihrer zehn Jahre malte sie Kopffüßler mit sehr dünnem Strich. Erst dachte ich an mangelnde Übungserfahrung und das schlechte Sehen, doch beim zweiten Hinsehen bemerkte ich Silkes eigene Haltung.

Sie saß auf einem Stuhl zusammengesunken, die Knie aneinander, die Füße auseinander – also ein X –, die Ellenbogen lagen eng in ihrer Taille. Wenn Silke so z.B. einen Ball werfen sollte, tat sie das nur mit den Unterarmen und Händen, die mit dem Rücken nach unten zeigten. Natürlich kam der Ball nie beim Gegenüber an! Ebenso saß sie am Esstisch. Auf dem Fußboden setzte sie sich zwischen die Knie. Es fiel ihr sehr schwer, im Strecksitz oder gar Schneidersitz zu sitzen. Das Aufstehen vom Boden gelang ihr auch nur mühsam.

Präpositionen kannte sie nicht sicher. Wenn ich von ihr verlangte, den Ball hinter sich zu legen, legte sie ihn vor sich. Die Arme eines Menschen malte sie auf die Aufforderung „neben den Bauch“ unter den Bauch und war dann zwar etwas verwundert, dass sie für die Beine keinen Platz mehr hatte.

Am Anfang einer Stunde legte sich Silke auf den Boden und ich rollte sie mit einem Igelball und danach mit einem Gymnastikball ab. Dann legte ich ihr nach und nach DIN A4-Bögen auf die Körperteile und sie musste sagen, wo sie das Papier spürte. Anschließend durfte sie mit den Bögen ihren Körper legen und sich dann darauf niederlassen und so probieren, ob auch alles am richtigen Platz war. Das probierten wir auch mit Sand- oder Bohnensäckchen, mit Holzstäben und Rhythmikmatten, bevor es wieder an das Malen ging. Auch das schon erwähnte Lied „Ich habe einen Kopf“ kam zum Einsatz.

Bei diesem Miteinander stellte sich immer mehr heraus, dass Silkes Muskulatur recht schwach war. Dadurch ermüdete sie sehr schnell beim Malen und Schreiben – auch beim Sitzen und Lesen. Deshalb sackte sie immer wieder in sich zusammen, wodurch auch ihr Blickwinkel ein anderer wurde und sie aufgrund des eingeschränkten Sehfeldes eine verkrampfte Kopfhaltung einnahm.

b) Sicherheit durch Kräftigung der Muskulatur trainieren
Übungen zur Kräftigung der Muskulatur sollten ihr mehr Sicherheit in der Bewegung verleihen. In der Einzelstunde beschränkte ich mich aber nur auf den Therapieball und nahm Marie mit dazu, damit aus allem mehr Spiel werden konnte.

c) Auge-Hand-Koordination schulen

Auge-Hand-Koordination war für Silke sehr schwer. Es schien, als könnte sie nicht weiter als ca. 2 m sehen und ihr Blickfeld betrug ca. 50 cm. Genau konnte ich das bis jetzt noch nicht feststellen, weil Silke nur ungern zugibt, etwas nicht zu erkennen.

Ich spielte erst einmal „Nachahmen", indem ich auf einem Therapieball vor ihr saß, während auch sie auf einem Ball sitzen durfte. Wir wippten mit Handfassung locker auf dem Ball. Dann lösten wir die Hände und ich hielt einen Arm hoch – sie ebenso. Das wurde ausgedehnt über beide Arme, beide Beine, Kopfhaltung und als Steigerung kamen auch die Finger an die Reihe. Silke hatte Spaß und merkte gar nicht, wie sehr sie gefordert war.

Mit leeren Filmdosen und Tennisbällen bauten wir „Bäume" auf dem Fußboden, die dann mit einem Tennisball umrollt, später auch umgeworfen wurden. Zum Aufräumen hielt ich einen Eimer in Silkes Augenhöhe, in den sie die Dosen und die Bälle hineinwerfen musste. Dabei zeigte sich, dass es nicht nur die mangelnde Sehkraft war, die den Erfolg verhinderte. Sie war völlig verkrampft und ungelenk dabei, konnte die Hand dann nicht im Gelenk drehen und hatte die Arme wieder fest an den Körper gepresst. In den folgenden Stunden stellte ich den Eimer lediglich auf den Boden, um ihr mehr Chancen zu geben. Dieses Entgegenkommen nahm sie dankbar an und war ausdauernd bei der Sache und über jeden Treffer stolz.

Wenn wir das Spiel am Tisch spielten, ging es noch besser. Dazu kamen nun auf die Filmdosen Tischtennisbälle. Wir saßen uns gegenüber und versuchten, nun die leichten Bälle von den Dosen zu pusten – meistens endete das mit lautem Gelächter, weil unsere Gesichter so komisch dabei aussahen.

Eine ruhige Hand und Geschicklichkeit verlangte eine andere Variante: Es wurden zwei Filmdosen übereinander gestellt und erst dann ein Ball darauf gelegt. Mit den Filmdosen (ich hatte in einem Fotogeschäft gebeten, für mich zu sammeln) ließ sich auch herrlich bauen und gestalten. Selbst das Körperschema legten wir damit und als Massagegerät wurden sie auch eingesetzt.

d) Belohnung

Für Silke war jedes kleine Lob schon Belohnung. Sie durfte sich zum Schluss einer Stunde etwas wünschen. Meistens wollte sie eine Igelball-Massage und konnte dabei herrlich locker sein. Manchmal war es auch die Wiederholung eines Stundenteils, der ihr besonders gefallen hatte.

***

Silke und auch Jan, Sophie, Katja und Marie kenne ich erst seit einem Jahr. Wir stehen noch in der gegenseitigen Entdeckungsphase. Daher nenne ich lediglich jeweils einen Schwerpunkt für die Förderung. Weitere Ansätze entstehen aus der Zusammenarbeit mit den Kolleginnen und vor allem dem Taubblindenlehrer. Im Unterricht fallen Verhaltensweisen der Kinder auf, die sie am Erfolg hindern: Schwierigkeiten, über die Körpermitte zu greifen, Koordinationsschwäche, Verspannungen, Unruhe, Konzentrationsmangel, falsches Sitzen, mangelndes Sozialverhalten, Grundkenntnisse vom Körper (der eigene Körper im Raum) usw.

Während bei den unter 4.1 – 4.4 genannten Kindern, Grundfähigkeiten aufzubauen und zu fördern waren, um sie überhaupt aufnahmebereit zu machen, steht bei den Kindern um Silke die Festigung und der Ausbau dieser bereits erworbenen Fähigkeiten im Vordergrund. Um Fehlendes zu ergänzen, kann ich auf Vorhandenem aufbauen, was nicht immer einfacher ist, weil vorhandene Muster durchbrochen werden müssen. Bei diesen Kindern ist vor allem auch die Phantasie und die Kreativität und das Spiel gefragt.

Manchmal erscheinen die Spiele oder Lieder zu tief angesetzt, wenn man an das kalendarische Alter der Kinder denkt. Aber gerade hier liegt der Schwachpunkt. Diese Kinder sind schon so viel therapiert worden, dass oft das Kindliche vergessen wurde oder zu kurz kam. Aufgrund ihrer Seh- und Hörschwächen sind sie motorisch nicht altersgerecht entwickelt. Sie haben Nachholbedarf und nehmen gerade einfache Spiele begeistert auf, weil sie dort den Erfolg sofort spüren. Sehr schnell können dann weitere Schritte folgen.

Was nützt es z.B. Silke auf Dauer, dass sie im Unterricht z.B. lesen kann, wenn sie sehr schnell ermüdet, weil ihre schwache

Muskulatur sie beim längeren Sitzen während des Schreibens oder Lesens nicht aufrecht halten kann? Allein durch diese Tatsache vergeht ihr die Freude am Tun, abgesehen von der Anstrengung beim Sehen und Hören. Mein größtes Anliegen in allem, was man mit Silke und auch den anderen Kindern tut, ist daher, auf diese Punkte zu achten und spielerisch „nebenbei" Übungsmöglichkeiten einzubauen.

Dafür ist psychomotorisches Denken und Wissen erforderlich und ein geschulter Blick, um Ansatzmöglichkeiten zu sehen. Deshalb ist eine Arbeitsgemeinschaft als interne Fortbildungsmöglichkeit entstanden, in der ich mit Kolleginnen und Kollegen das Wissen darum vertiefe bzw. erarbeite.

4.6 Jan – wer bin ich?

Jan, der siebenjährige Bruder von Silke musste wirklich noch immer überlegen, wenn er gefragt wurde: „Und wer bist du?" Seine Antwort hieß immerhin schon:
„Ich". Erst wenn man dann weiter fragte, sagte er seinen Namen. Das passte zu seinem gesamten Verhalten. Er war in seiner sozialen und motorischen Entwicklung erst zwischen drei und vier Jahren, brauchte noch sehr viel Geduld, Zeit und Zuwendung, um die Trennung vom Elternhaus in der Woche zu verarbeiten. Es war für ihn (und auch für Silke) sicher sehr gut, dass sie beide zusammen sein konnten. Aber auf der anderen Seite musste er sich ständig gegen Vereinnahmung durch seine Schwester und auch Marie, das neunjährige Mädchen in der Gruppe, wehren. Sie wollten ihm ständig sagen, was und wo er spielen sollte. Und wir Erwachsenen, Erzieherinnen, Lehrer, Therapeuten wollten auch noch so viel von ihm! Es blieb ihm fast keine andere Möglichkeit, als in kleinkindhaftes Gejammer zu verfallen und nach Mitleid zu heischen.

Dabei konnte er doch recht viel. Das zeigte sich bereits morgens beim Anziehen, wenn man das Gewimmer „ich kann das nicht" überhörte und ihn dabei alleine ließ. Irgendwann kam er angezogen aus dem Zimmer. Vielleicht war der Pullover falsch herum und die Füße hatten „Entenschuhe", aber was machte das? Jan war stolz! Im Laufe des vormittäglichen Unterrichts gab es noch

Gelegenheit, seine Kleidung zu korrigieren. Jetzt konnte er erstmal mächtig gelobt werden.

Beim Frühstücken ging dann alles besser, obwohl sich das Brötchen als schwer zu erobern erwies, die Butter nur im Klumpen blieb und die Tasse, die er auf die linke Seite gestellt hatte, mit seiner rechten Hand nicht zu greifen war. Er musste dazu das Messer aus der rechten, das Brötchen aus der linken Hand legen, um mit der linken Hand die Tasse in die rechte zu geben. Erst danach stellte er sie auf der rechten Seite ab.

Ebenso wie er auf Anhieb nicht sagen konnte, dass er Jan ist, konnte er auch nicht direkt über seine Körpermitte greifen. Sein Selbstbewusstsein stand noch am Anfang.

4.6.1 Zugang finden

Jan spielte leidenschaftlich gern mit der Kugelbahn. Auch seine Handpuppe, den Raben Abraxas schleppte er überall mit hin. Über diese beiden Dinge ließ sich schnell Kontakt zu Jan knüpfen.

Außerdem freute er sich über jede Zuwendung und war sehr anhänglich und zugänglich, wenn man nicht gleich mit Forderungen kam. Auf jedes Angebot, was Jan noch nicht kannte, kam ohnehin ein klägliches „das kann ich nicht“. Er traute sich einfach noch nichts zu. Sein Sehvermögen ließ sich nicht konkret abklären, aber es ist eingeschränkt und weniger stark, als es schien. Das zeigte sich in neuen Situationen und Räumen. In seinem bekannten Umfeld war Jan sicher und zielstrebig, in neuer Umgebung zögerlich und vorsichtig. Während er die täglichen Wege in den Fluren einfach rennen konnte, tappte er leicht schwankend in fremden Räumen umher. Dann nahm er dankbar jede Hilfe an.

4.6.2 Was kann – was mag Jan?

- Jan kann sich alleine anziehen,
- sich Getränke eingießen,
- sein Brot in Anfängen streichen.
- Jan kann laufen, klettern, hüpfen,

- alleine spielen,
- sprechen,
- Farben erkennen,
- er mag Autospiele, Handpuppen, Kugelbahn,
- er kann Kinderfahrzeuge (Dreirad, Trecker) fahren,
- er isst gern Brot und Kuchen.

Was kann – was mag er nicht?

- Jan mag keine Anforderungen,
- kann nicht seitwärts gehen,
- überkreuzen,
- Farben sicher benennen,
- schneiden, reißen, malen,
- Kraft gezielt einsetzen,
- sich treffend ausdrücken,
- Begonnenes weiter erzählen,
- eine Treppe im Schritt hinuntergehen,
- die Hand im Gelenk drehen,
- mag nicht Gesicht und Hände waschen,
- auf keinen Fall ohne Geschrei Duschen und Haare waschen,
- unbekanntes Essen (vor allem kein Gemüse).

4.6.3 Basis-Programm

a) Selbstbewusstsein stärken
b) Körperschema – Körpermitte
c) gezielter Krafteinsatz
d) Auge-Hand-Koordination
e) Belohnung

***

a) Selbstbewusstsein stärken
Jan ist ein optisch ansprechender Junge. Sein Gesicht ist noch kleinkindlich, seine wasserblauen Augen gucken meist mit fragendem Ausdruck. Seine typische Haltung: Eine Hand steckt in der Hosentasche, während der Zeigefinger der anderen Hand im Mund verschwindet. Dabei steht er leicht breitbeinig, etwas verträumt herum und scheint wenig Interesse für das Geschehen um ihn herum zu haben. Das täuscht jedoch, denn mit einiger Verzögerung stellt er Fragen: „Was machst du? – Warum? – Und ich?" Wenn man ihn dann zum Mittun auffordert, kommt: „Das kann

ich nicht.“ Es bedarf einiger Überredungskunst, um ihn wenigstens näher heran zu locken.

Dann steht er wieder mit dem Finger im Mund daneben. Nur seine Augen verraten sein Interesse, wenn die anderen Kinder z.B. mit Tusche malen. Am besten gelingt sein Mittun, wenn man ihm ohne Kommentar einen Stuhl zurecht schiebt, ein Blatt und einen Pinsel vor ihn legt und ihn anscheinend nicht weiter beachtet. Ganz vorsichtig beginnt er die angebotene Tätigkeit und ist später auf seine Werke so stolz, dass er sie jedem unter die Nase hält: „Ganz alleine!“

Jan ist in seiner emotionalen Entwicklung ebenso wie in der motorischen ungefähr zwischen drei und fünf Jahren.

Um dem zarten Pflänzchen seines Selbstbewusstseins gerecht zu werden, ist es besonders wichtig, alle Angebote sehr genau zu überdenken und so tief anzusetzen, dass der Erfolg für ihn sicher ist. Da er aber oft dasselbe tun will wie die große Schwester, gehört Diplomatie dazu, den richtigen Mittelweg zu finden. Seit kurzer Zeit ist Jan in der Lage, sich besser zu behaupten und seine Wünsche auszudrücken. Das geht einher mit einer deutlich verbesserten Koordination, was durch gemeinsames Spiel mit Trecker, Dreirad, Rollbrett und Pedalo unterstützt wurde. Die Fahrzeuge übten einen so starken Reiz aus, dass Jan sich um das Mitmachen bemühte und schon sehr bald mit lautem Getöse den Flur entlang düste. Sein jeweiliges Lieblingsfahrzeug verteidigte er dann auch mit Erfolg. Bei diesem Treiben war er ein vollwertiger Spielgenosse auch für die Größeren. Das machte ihn stolz und er strahlte über das ganze Gesicht. Selbst kleine Rempeleien steckte er ohne Nörgeln weg. Erst nachdem er durch solche Spiele lockerer und zufrieden war, konnte ich auch gezielt an das nächste Thema herangehen.

b) Körperschema – Körpermitte

Jans Bewegungen wirkten etwas unbeholfen und eckig. Zuerst schob ich das auf das eingeschränkte Sehfeld, was sicher auch zutraf und Auslöser für sein Verhalten und seine Ängstlichkeit war. Aber ihm fehlten auch einfache Bewegungserfahrungen: wenn es z.B. galt, seitlich zu gehen, drehte er den ganzen Körper. Obwohl er die Treppenstufen im Nachstellschritt bewältigte, konnte er diesen Schritt nicht seitwärts ausführen. Hatte er einen Gegenstand in der rechten Hand und ich reichte ihm einen anderen, griff er nicht mit der linken Hand zu, sondern wechselte die Hände, um dann mit der rechten zugreifen zu können. Die Bezeichnungen für die Körperteile kannte er zwar als Vokabeln, trotzdem streckte er mir eine Hand entgegen, wenn ich den Fuß forderte usw.

Wir begannen mit der Körperwahrnehmung beim Messen seiner Größe an der Wand. „Guck mal, so groß bist du.“ Dann legte sich Jan auf den Boden und ich markierte mit Klebestreifen seine Länge. Auch auf Tapetenbahnen wurde sein Umriss gezeichnet. Am Anfang malte Jan dann allerdings seine Augen in den Bauch.

Wir spielten „Figuren machen“. Jan durfte beginnen und mir sagen, welchen Teil meines Körpers ich bewegen sollte. Er bog sich vor Lachen, wenn ich das linke Bein angehoben hatte und dann das rechte auch noch hochheben sollte! Dann kam ich mit den Anweisungen an die Reihe: „Wackle mit dem Kopf – winke mit der rechten Hand – setz dich auf den Po – heb das linke Bein – usw.“ Es war rührend anzusehen, wie sehr Jan überlegen musste und sich immer wieder vergewisserte: „So?“. Als Unterstützung schnitt ich aus dicker Pappe die Körperteile aus. Damit konnte Jan einen Menschen legen. Aber auch jetzt, ein halbes Jahr später, legt er die Arme noch immer mit fragendem Blick gleich neben die Beine.

Gegenüber sitzend bat ich Jan, mir nacheinander ein Bohnensäckchen auf den Kopf, die Schulter, das Bein usw. zu legen, das er mir später nur mit der linken Hand wieder abnehmen musste.

Wenn ich ihn mit den Säckchen ausgestattet hatte, durfte er sagen, mit welcher Hand ich sie wieder wegnehmen sollte. Für Jan war es wichtig, erst bei mir absehen zu können, was er später tun sollte, um eine Vorstellung zu entwickeln und meine Worte richtig verstehen zu können. Freudig machte er auch bei Sing-Klatsch-Spielen mit, in denen das Überkreuzen der Hände versteckt war. Damit hat er immer noch Schwierigkeiten, was ihm aber nicht auffällt und daher seine Begeisterung nicht bremst.

So oft wie möglich kann Jan mit den Kinderfahrzeugen auf dem Flur spielen oder auch auf einem kleinen Trampolin springen, was seine Bewegungsabläufe schon harmonischer werden ließ. Trotz der starken Hörbehinderung ist sein Gleichgewichtsempfinden recht ausgeglichen.

c) gezielter Krafteinsatz
Die fehlende Muskelkraft ist nur ein Glied in der Kette der Defizite und resultiert u. a. aus der mangelnden Bewegungserfahrung und -übung. Mit zunehmender Sicherheit, gewonnen aus der Freude über seine Erfolge, stellte sich auch mehr Bereitschaft zum gezielten Üben ein. „Ich kann das nicht" wandelte sich in „Ob ich das kann?" Voreilige Hilfsangebote wehrte er mit „Alleine!" ab und verlangte erst nach ein oder zwei Fehlversuchen Hilfe.

Ein Beweis seines Kraft- und Geschicklichkeitszuwachses ist an der Seilbahn deutlich zu sehen. Anfangs konnte er kaum den Pendelsitz festhalten und überhaupt nicht allein hinauf gelangen. Jetzt zieht er ihn von der Mitte der Strecke hinter sich her, hält ihn fest und erklettert damit das Podest. Mit kräftigem Schwung landet er dann mit dem Po auf dem Sitzknauf und fährt das Seil entlang bis zum Anschlag. Dort hält er sich gut fest, balanciert den Körper aus und fällt nicht mehr hinunter. Viele Wiederholungen folgen.

Nicht nur in der Grobmotorik zeigte sich der langsam besser eingesetzte Kraftaufwand, sondern auch in der Feinmotorik. Er konnte endlich einen Flaschenverschluss aufdrehen, hielt die Buntstifte besser, begann den Brotaufstrich zu verteilen, reihte Perlen auf, begann mit der Schere zu schnippeln. Es bestehen aber noch Schwierigkeiten in der Fingerkoordination, so dass ihm z.B. das Reißen von Papier noch nicht gelingt. Er zieht mit aller Kraft daran, anstatt die Fingerspitzen zu aktivieren. Aber auch das wird er noch lernen.

Jans Entwicklung macht klar, dass Erfolg nicht zuerst durch Kraft- und Wiederholungstraining entsteht, sondern dass die Voraussetzung für alles das Vertrauen ist. Vertrauen auf seine eigenen Möglichkeiten und auf die liebevolle Hilfe (ohne erhobenen Zeigefinger) und das Angenommensein.

d) Auge-Hand-Koordination

Obwohl Jans Entwicklungsalter hinter seinem tatsächlichen zurück lag, war er mit seinen sieben Jahren Schulkind und wollte nun auch schreiben, lesen, rechnen lernen wie die große Schwester. Wollen und Können klafften bei ihm auseinander und daraus entstand Frust, so dass er sich immer wieder in sein Kleinkindverhalten flüchtete und jammerte, verweigerte, bockte und weinte.

Bei den Schreibversuchen war alles erforderlich, was ihm Schwierigkeiten bereitete, auch Auge-Hand-Koordination und Handgeschicklichkeit (zusätzlich zu der Hör- und Sehschwäche). Der Lehrer und ich arbeiteten dabei Hand in Hand. Wenn z.B. das „A" geschrieben werden sollte, malte Jan es mit dünnem, zittrigen Strich und fest verkrampfter Hand. Wo er den Buchstaben beginnen sollte, war ihm nicht klar.

Ich legte große Papierbahnen auf den Boden und malte ein dikkes, großes A darauf, das Jan zuerst mit den Füßen, dann krabbelnd ablaufen konnte. Dabei wurde das A in allen möglichen Variationen gesprochen oder gesungen. Beim nächsten Mal war das A schon kleiner und Jan krabbelte mit den Fingern (Zeigefinger und Mittelfinger) darauf entlang wie eine Ameise ...

Der nächste Schritt: Ich malte das A hohl, so dass Jan es ausmalen konnte. Ebenso konnte er es mit Knete oder einer Bleischnur ausfüllen.

Um die Beweglichkeit der Handgelenke zu fördern, wandten wir alle erdenklichen Wickelspiele an: Ein Auto an der Schnur, die an einem Stock befestigt war, musste herangewickelt werden. Fadenspannen vom Wollknäuel um die Tischbeine herum und wieder aufwickeln. Und immer wieder Fingerspiele, denn die einzelnen Finger gehorchten Jan noch gar nicht.

Jetzt zeigen schon kleine Erfolge, dass der Weg von der großen Körperbewegung zur kleinen Handbewegung für Jan gut ist und weiter gegangen werden kann. Nur selten hören wir gleich: „Das kann ich nicht." Zuerst probiert er es aus.

Abb. 47

e) Belohnung

Nach einer gezielten Einheit konnte sich Jan aussuchen, was er gern tun möchte – allein oder mit mir. Häufig nahm er das Memory-Spiel, worüber ich einerseits erfreut war, weil es das Thema Auge-Hand aufgriff und beim Aufnehmen der Karten auch die Fingergeschicklichkeit beanspruchte. Andererseits war ich darin so schlecht, dass Jan fast immer gewann – voll und ganz. Das machte ihn zufrieden. Gern zog er sich danach mit seiner Kugelbahn zurück und vergaß die Welt um sich herum.

4.7 Sophie – Spasmus „überlisten"

Sophie musste Beinschienen tragen, die es ihr ermöglichten, überhaupt alleine aufrecht zu stehen und zu gehen. Sie war ein sehr zartes Kind. Aber weder die Schienen, noch ihre Hör- und Sehbehinderung störten das Gelingen von Bewegungsaufgaben, sondern eine Spastik. Diese verstärkte sich unter Stresseinwirkung.

Sie betraf nicht nur die Arm- und Beinbewegungen, sondern auch die Atmung. Da Sophie sehr ehrgeizig und pingelig war, geriet sie leicht in Stress. In die kleine Gruppe hatte sie sich schnell integriert. Sie schloss mit Jan Freundschaft und hatte in ihm einen Spielkameraden, der ihr nicht überlegen war und von ihrer Phantasie profitierte.

Im Unterricht hatte sie den Lehrstoff sehr schnell begriffen, aber beim Antworten oder manuellen Ausführungen brauchte sie viel Zeit, um ihre Atmung und Bewegung zu sortieren. Bevor sie ein Wort über die Lippen brachte, schluckte sie einige Mal hörbar Luft und ihr kleiner Brustkorb krampfte sich zusammen, die Hände drehten sich ebenso wie die Augäpfel, bis sie zur Ruhe kam und sprechen konnte. Die Spannung stand ihr ins Gesicht geschrieben. Wenn sie dann die ihr gestellte Aufgabe präzise gelöst hatte, strahlte sie über das ganze Gesicht, wurde gelöst und lachte.

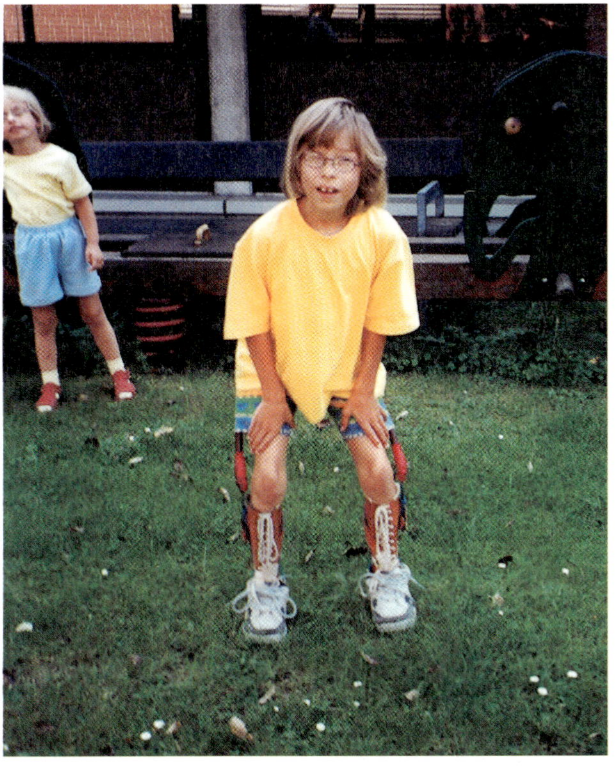

Abb. 48

4.7.1 Zugang finden

Sophie sprach gern mit ihrem Spiegelbild und ihrer Hand, die ein kleines Krokodil darstellen sollte. Ich versuchte, mich in das Gespräch einzuklinken und stellte schnell fest, dass ich unerwünscht war. Sophie ignorierte mich und sprach weiter in mir unverständlichen Sätzen mit ihrer Hand. Es war ihre „Nische“, in die sie sich zurückzog, wenn sie genug von allen und allem um sie herum hatte. Von sich aus suchte sie kaum Körperkontakt, lächelte aber glücklich, wenn sie gestreichelt wurde.

Aus ihrer Nische konnte man sie jedoch mit einer weiteren Handpuppe locken: Ihr Rabe Abraxas. Wenn der sie aufforderte, doch mit mir zu kommen, antwortete das kleine Krokodil freudig: „Ja, ich komme!“ und wenn dann Sophies kleine Hand in der Rabenpuppe verschwand, gab es kein Krokodil mehr und sie folge mir neugierig in unseren Spielraum. Ohne Protest legte sie den Raben ab, um sich auf mein Angebot einzulassen. Später bauten wir aus einem Karton ein Haus für Abraxas, in dem er die Unterrichtszeit verbrachte.

Sophie liebte Musik und Singen und besaß ein gutes rhythmisches Empfinden. Das kam mir zu Hilfe, um sie von der Mühseligkeit ihrer Bewegungen abzulenken. Ich begann jede Stunde mit ihr zunächst mit einem Lied und schloss mit dem Tanz: „Komm, Brüderchen, und tanz mit mir“.

4.7.2 Stärken – Schwächen

Sophie konnte fast alles, was eine Siebenjährige können sollte – wenn sie wollte und nicht aufgrund eines nach ihrer Meinung nach nicht perfekten Ergebnisses resignierte. Sie stellte hohe Anforderungen an sich selbst und konnte sehr wohl sehen, wenn ihr Bild z.B. krakeliger als andere Bilder geworden war. Ein automatisches Loben nahm sie mit skeptischem Blick zur Kenntnis.

Wenn Sophie wirklich etwas noch nicht ausführen konnte, hing das mit ihrer Spastik zusammen. Dadurch musste sie sehr viel Kraft aufwenden und ermüdete schneller in ihrer Konzentrationsfähigkeit. So erschien sie häufig wie abwesend und reagierte auf Ansprache dann sehr stark verzögert. Am stärksten fiel das beim Essen auf. Obwohl sie sich vorher lautstark über eine angekündigte Lieblingsspeise freuen konnte, saß sie davor mit dem Löffel in der Hand – aber es passierte nichts. Erst auf freundliches Erinnern hin kehrte sie von innen nach außen an den Tisch zurück und aß dann sehr langsam und bedächtig und ließ sich ständig von dem Geschehen am Tisch ablenken.

Voll konzentriert saß sie allerdings am Computer, wenn man ihr ein Spiel einlegte. Zielsicher und ruhig führte sie die Maus und lebte die jeweilige Geschichte mit.

Ihre größte Stärke war sicherlich ihre Phantasiebegabung und ihre Neugier.

4.7.3 Basis-Programm

a) Entspannung lernen
b) Auge-Hand-Finger-Koordination
c) Kondition verbessern
d) Belohnung

***

a) Entspannung lernen
Sophie kam stets so stark motiviert in die Stunde, dass sie völlig unter „Strom" stand. Es hätte wenig Sinn gehabt, sie auf der Matte zu massieren o. ä. So begann ich mit dem umgeänderten Lied: „Grün, grün, grün ist alles was ich habe ..." und einigen Teilen aus der Rhythmikbox: Matten, Rasselrollen, Ringen, Bohnensäckchen und Kugeln in den Farben rot, grün, gelb und blau. Unter Gesang gingen wir durch den Raum und legten erst eine Matte nach der anderen verteilt auf den Boden, dann auf die Matten die passende Rasselrolle, den Ring, das Säckchen. Danach betrachteten wir unser Werk.

Mit einer Kugel in der von Sophie genannten Farbe rollte sie zur entsprechenden Matte und durfte auf diese Weise eine nach der anderen wegräumen.

Nach dieser aktiven Phase war Sophie in der Lage, sich ruhig auf eine Matte zu legen und sich von mir massieren zu lassen. Ganz am Anfang unserer Arbeit nahm ich lediglich ein Blatt Papier, legte es auf ihren Rücken und wärmte die Stelle mit meinen Händen. Sophie durfte mir sagen, wenn ich eine andere Stelle nehmen sollte. Schon in der zweiten Stunde durfte ich auch ihr Gesicht und den Bauch berühren.

Vorsichtig wechselte ich die Materialien: Papierknäuel, Gymnastikball, Tennisball, Igelball, großer Therapieball, weiche Bürsten, harte Bürsten, meine Hände. Schon nach kurzer Zeit konnte Sophie diese Ruhephase sehr genießen und schloss sogar die Augen dabei.

b) Auge-Hand-Finger-Koordination
Eine Aufgabe hierzu war bereits die Zuordnung der einzelnen Teile auf den kleinen Farbmatten. Dabei war der gesamte Körper in Bewegung.
Mit dem großen Therapieball konnte ich Sophie zu differenzierteren Bewegungen animieren.

Nach der Massage setzte sie sich auf den Ball. Die Hände legte sie locker neben sich. Ich hielt sie nur an den Oberschenkeln und dann ging es los! „Hopp, hopp, hopp, Pferdchen lauf Galopp..." dazu hüpfte Sophie auf und ab. Zu „...Hopp hopp ho, Pferdchen frisst kein Stroh..." bewegte ich den Ball seitwärts und sie musste die Bewegung ausgleichen. Zu „...Trapp trapp trapp, wirf mich ja nicht ab ..." ging es nach vorne und nach hinten, wieder musste ausgeglichen werden. Zum Abschluss noch einmal den ersten Vers, danach war Sophie locker und fröhlich.

c) Kondition verbessern
Wir setzten uns im Grätschsitz gegenüber, den dicken Ball zwischen uns. Wir konnten uns gerade noch sehen. Die Arme und Hände waren jetzt gefragt: „Wir schlagen mit der rechten Hand, rechten Hand, rechten Hand. Wir schlagen mit der rechten Hand, der rechten Hand – und dann mit allen beiden." Dasselbe mit der linken Hand, mit den Fäusten, dann: „Wir tippen mit dem Zeigefinger..." usw. bis alle Finger an der Reihe waren. Selbstverständlich war es Sophie nicht möglich, ihre einzelnen Finger so genau zu aktivieren. Sie durfte mit der anderen Hand die übrigen Finger einfach festhalten. Den ständig wechselnden Rhythmus meiner Aufforderungen nahm Sophie ohne Verzögerung auf und liebte dabei am meisten ein schnelles Tempo. Bereits in der zweiten Stunde sprach sie alles mit.

Zum Abschluss spielten wir noch „Hände fangen“ – erst eine Hand von Sophie, dann eine von mir usw. auf den Ball. Die untere herausziehen, nach oben legen – erst langsam und dann immer schneller. Bis man vor Lachen nicht mehr weiterkann.

Weitere Spiel-Übungsangebote waren: Hände ummalen, anmalen, Ringe aus Knete formen und über jeden Finger einen stülpen – dann meine Finger mit ihren verbinden und die Ringe hinüberwechseln lassen. Papier reißen, schneiden, kleben – möglichst immer in Verbindung mit einer großräumigen Bewegung (und wenn es nur an dem einen Tisch das Reißen und an dem anderen Tisch das Kleben ist!). Auch beim Tast-Kim-Spiel (in einem Beutel einen Gegenstand befühlen und erraten) werden die Finger geschickter.

d) Belohnung
Dafür brauchte ich nur Sophies Freude am Rollenspiel zu nutzen. Ich benötigte einen kleineren Therapieball für Sophie, den großen für mich, einen Styroporrahmen (Verpackungsmaterial), einen Eimer mit Tennisbällen und den Raben Abraxas.

Wir saßen uns auf den Bällen gegenüber. Ich hielt mit der einen Hand den Rahmen hoch, so dass ich hindurch sehen konnte und spielte Fernsehansagerin: „Guten Tag, liebe Sophie! Heute hast du schon so viel getan, dass ein guter Freund jetzt nur noch mit dir spielen möchte.“ Und dann erschien Abraxas im Rahmen und krähte: „Hallo, Sophie! Ich bin viel schneller als du. Glaubst du nicht? Dann probier doch, ob du mich mit den Bällen abwerfen kannst!“ Sophie jubelte und holte einen Ball nach dem anderen aus dem Eimer, zielte auf Abraxas – und traf mit meiner Hilfe sehr häufig. „Jetzt mag ich aber nicht mehr! Du bist ja doch schneller als ich. Komm, nimm mich wieder in die Arme!“ krähte zum Schluss der Rabe und Sophie nahm ihn glückstrahlend in den Arm.

4.8 Marie – Energie bündeln

Marie war ein hübsches, lebhaftes neunjähriges Mädchen mit der normalen Begeisterung für alles, was „in“ ist: Gameboy, Furby, Armbänder, T-Shirts mit Arielle oder Pokemon. Sie wurde hochgradig schwerhörig geboren und hörte auch mit Hörgeräten nur sehr wenig, trotz frühzeitiger intensiver Förderung. Ihr Sehvermögen war eingeschränkt, mit einem Auge sah sie fast nichts. Eine Brille korrigierte einen Augenmuskelfehler. Marie bewegte sich gern, hatte aber nur geringe Ausdauer. Sie blieb nicht gern allein, wollte nur im Zimmer der anderen spielen und ließ niemanden in ihr Zimmer.

Marie hatte eine gute Auffassungsgabe und befand sich schulisch gesehen ca. am Ende der 2. Klasse, ähnlich wie Silke. Da ihre Sprache aber noch in den Anfängen steckte – sie gebärdete das meiste und sprach für Außenstehende sehr unverständlich –, erhielt sie Einzelunterricht zur Sprachförderung. Den weiteren Unterricht teilte sie mit Silke. Dabei zeigte sich, wie leistungsstark Marie war, aber auch ihre Unruhe. Sie wollte immer alles auf einmal und möglichst schnell erledigen und schweifte ständig ab.

Im Spiel und Freizeit mit den anderen Kindern der Gruppe dominierte Marie. Meistens hatte sie in kurzer Zeit das Spiel unter ihrer Kontrolle, das die anderen begonnen hatten. Aber sie war auch sehr hilfsbereit und mitfühlend, wenn ein Kind etwas nicht konnte oder gar Kummer hatte. Unter der Trennung vom Elternhaus während der Woche litt sie sehr. Trotzdem hatte sie sich an die neue Situation schnell gewöhnt und sich uns Erzieherinnen und dem Lehrer ebenso geöffnet wie den Kindern der Gruppe. Sie lachte gern, verstand viel Spaß und brachte Leben ins Haus.

Ihr fehlte nur die ruhige Mitte und ein gesichertes Selbstvertrauen. Denn auch wenn sie auf den ersten Blick sehr selbstbewusst erschien, hatte sie ständig Angst, etwas zu verpassen. Das ist typisch für schwerhörige bzw. gehörlose Menschen. Sie müssen ja alles mit den Augen wahrnehmen, um teilhaben zu können. Wenn Marie allein an einem Tisch saß und basteln wollte, konnte sie sich nur mühsam konzentrieren. Ständig musste sie hochsehen und sich umdrehen, um die übrigen Personen zu beobachten. Meistens kam sie sofort, wenn jemand mit einer anderen Person sprach und vielleicht lachte und wollte wissen: „Warum?“ In den meisten Fällen wurde ihr auch erklärt, was gerade gesprochen worden war. Aber hin und wieder ging es sie eben auch nichts an. Daran knabberte sie dann ziemlich. Ihr Verhalten machte uns ganz deutlich, wie sehr Menschen einfach nebenbei das Geschehen mitnehmen, wenn sie hören und wie abgekapselt und anstrengend es ist, nicht zu hören. Es gehört eine große Portion Selbstbewusstsein dazu, trotzdem in sich zu ruhen und sich nicht ausgeschlossen zu fühlen.

4.8.1 Zugang finden

Das war bei Marie nicht schwer. Sie wollte von sich aus Kontakt, Kontakt, Kontakt. Es war schon eher die Aufgabe für uns, sich nicht auffressen zu lassen und Nähe zu dosieren. Das bezog sich aber nur auf die von ihr gewünschten Gespräche, Spiele oder Unternehmungen. Anders sah es aus, wenn wir ganz gezielte Anforderungen an sie stellten. Entweder lehnte sie die mit einem klaren Nein einfach ab oder versuchte mit einem Gegenvorschlag auszuweichen. Wenn das alles nicht gelungen war, absolvierte sie die Aufgabe so schnell und unordentlich wie möglich, um blitzschnell abzutauchen – auch ein Toilettengang war dann plötzlich dringend.

So nutzte ich ihren Bewegungsdrang und ihre Vorliebe für das Trampolin zur Einleitung und Hinführung zu einem von mir gewünschten Thema. Schon nach kurzer Zeit hatten sich einige Spiele für Marie erschlossen, die sie gern mochte. Wir malten Karten dazu. Auf diese Art konnte sie später auswählen, indem sie eine Karte ziehen durfte. Das gezogene Spiel machte sie dann gut und ruhig mit.
Marie brauchte wenig Einzelförderung auf psychomotorischer Ebene. Für sie war es wichtiger, gemeinsam mit Silke und auch den anderen Kindern zu agieren, denn es ging hauptsächlich darum, ihre Energie und Kraft im richtigen Maß einzusetzen. Und das gelang ihr aufgrund ihres starken Sozialverhaltens besser, wenn sie gleichzeitig auf andere Rücksicht nehmen musste und mit ihnen zusammensein konnte.

4.8.2 Stärken – Schwächen

Von den Stärken sprach ich bereits:

- ausgeprägtes Sozialverhalten
- emotionale Bindungsfähigkeit

- motorisch gut entwickelt
- gute Auffassungsgabe
- Marie konnte auch bildlich Vorstellungen ausdrücken
- ehrgeizig, neugierig, lebhaft
- in lebenspraktischen Bereichen selbständig
- hilfsbereit
- bewegungsfreudig

In Maries Fall möchte ich nicht von Schwächen sprechen, sondern eher davon, ihre Stärken zu stärken:

- Körperbewusstsein
- Frustrationsgrenze überschreiten
- Geduld üben
- Ruhe spüren
- nicht so stark dominieren, sondern anpassen
- Ausdauer in der Bewegung fördern
- Ausdauer und Gründlichkeit beim Lesen, Schreiben, Rechnen, Basteln
- Selbstbewusstsein so bewusst machen, dass ein ständiger Kampf um die Anerkennung nicht nötig ist
- Gebärden und Sprache verbessern

4.8.3 Basis-Programm

a) Anspannung – Entspannung
b) Genauigkeit und Ausdauer
c) Haltungsschwächen ausgleichen
d) Belohnung

***

a) Anspannung – Entspannung
Eine gute Kenntnis über den eigenen Körper gehört als Grundlage dazu, wenn man sich bewusst dem Thema Anspannen – Entspannen widmen will. Marie hatte ein normal entwickeltes Körperbewusstsein, das sich auch in ihren Bewegungen zeigte. Sie konnte Bewegungsaufforderungen schnell und gut umsetzen und auch Variationen selber finden. Besonders viel Freude machten ihr dynamische Spiele mit Hüpfen, Rennen, Werfen usw. Auf den ersten Blick schien alles in Ordnung zu sein. Bei näherer Beobachtung stellte sich heraus, dass Marie sehr schnell schwitzte und ermüdete. Sie arbeitete nämlich nicht mit Muskelkraft, son-

dern mit Dynamik und Anspannung und geriet dabei leicht außer Atem.

Das war ein guter Ansatz, mit ihr die Beobachtung von Herzschlag und Puls zu üben und über Knochen, Muskeln und Sehnen zu reden. Wenn sie also zum Beginn einer Stunde erst mal heftig auf dem Minitramp gesprungen war, fühlten wir gemeinsam ihren Puls und sprachen darüber, wo die Muskeln beim Springen arbeiten mussten.
Dabei kam sie zur Ruhe und war in der Lage, sich auf einer Matte liegend mit unterschiedlichen Materialien abrollen und massieren zu lassen. Einen Massage-Dialog konnten wir beide auch führen: Ich rollte z.B. mit einem Tennisball Kreise auf ihren Rücken. Sie erriet bzw. erspürte, was ich genommen hatte, und führte die gleiche Bewegung auf meinem Rücken aus. Das ließ sich beliebig fortsetzen. So konnte ich feststellen, wie gut Maries taktiles Empfinden war.

Nachdem ich sie aufgefordert hatte, die Oberarmmuskeln (die Hände, die Beine, den Bauch, das Gesicht) anzuspannen und wieder locker zu lassen, war sie bereit, eine Druckmassage mit dem großen Therapieball auf dem Rücken zu genießen. Anschließend setzte sie sich mit dem Rücken gegen den Ball, während ich ihn zwischen den gegrätschten Beinen hatte und mit den Fingern, den Fäusten, den Händen darauf klopfte und ihn leicht hin und her bewegte. Das lockerte die Nacken- und Rückenmuskulatur.

b) Genauigkeit und Ausdauer
Nach dieser Eingangsphase spielten wir mit leeren Filmdosen, Tischtennisbällen und Plastikringen:

Ich zeigte mit den Fingern, wie viele Dosen Marie aus dem Karton holen und auf dem Fußboden verteilen sollte. Auf die Dosen wurde ein Tischtennisball gelegt. Über diesen „Turm“ sollte nun ein Plastikring geworfen werden. Zuerst durfte Marie den jeweiligen Abstand selber wählen, dann forderte ich eine weitere Entfernung. Wenn alle Türme mit einem Ring versehen waren, legte sich Marie auf dem Bauch davor und musste die Bälle herunterpusten. Die herumliegenden Bälle mussten mit einem Fuß vorsichtig um die Türme herumgerollt werden, bis sie wieder in den Eimer sortiert werden durften.

Das hört sich alles sehr einfach an. Aber für ein Kind wie Marie, das alles ganz schnell machen möchte und vor allem immer gewinnen wollte, war es eine große Herausforderung. Hier ging es um das Dosieren von Energie, um genaues Hinhören und Hinsehen, um immer wieder neue Versuche und um eine gute Körperkontrolle bis hin zum Atmen.

c) Haltungsschwächen ausgleichen

Der Grund für Maries schnelle Ermüdung oder auch Frustration lag nach meiner Beobachtung auch an ihrer Haltungsschwäche. Sie stand mit durchgedrückten Knien, herausragendem Po und weit vorgewölbtem Bauch. Ihre Füße neigten zum Senk- und Knickfuß. Den Armhaltetest (30 Sekunden mit nach vorn ausgestreckten Armen in Schulterhöhe) hielt sie max. 15 Sekunden und kaschierte das mit Albernheit.

Gezielte Übungen zur Stärkung der Bauch- und Rückenmuskulatur machten wir gemeinsam mit Silke. Das gab mehr Spaß und lenkte beide vom Ernst der Übungen ab. Aber beide spürten sehr bald, dass sie ihre Haltung selbst kontrollieren konnten und ermahnten sich z.B. bei Tisch gegenseitig.

d) Belohnung

Auch für Marie war es Belohnung genug, wenn sie zum Abschluss einen Wunsch äußern durfte. Oft war es das Spiel mit dem großen Therapieball, jedenfalls bestimmt nichts, was viel Gefühl forderte oder gar Ruhe. Am liebsten sprang sie wie am Anfang noch auf dem Trampolin.

Allen, auch den Eltern, fiel schon nach drei Monaten auf, dass etwas geschehen war. Marie war einfach lockerer und ausdauernder und verweigerte nicht mehr so häufig Aufforderungen, die sie als schwer einstufte. Auch war sie nicht sofort beleidigt, wenn etwas nicht zu ihrer (oder auch unserer) Zufriedenheit gelang, sondern probierte ausdauernder und ließ sich helfen. Während sie früher etwa ein Spiel oder Bauteil einfach zur Seite gelegt hatte, wenn sie nicht weiterwusste, kam sie jetzt und suchte Hilfe.

Abb. 49

4.9 Katja – nicht allein auf der Welt

Katja (sieben Jahre alt) forderte uns in der neuen Gruppe am meisten heraus, weil sie nichts von uns wollte. Das scheint sich zu widersprechen. Sie kam morgens mit dem Taxi von zu Hause, pellte sich aus ihrer Jacke und stopfte alles auf Aufforderung in ihren Schrank. Dann quetschte sie sich an uns und den Kindern, die sich begrüßen wollten vorbei und rannte zum Kühlschrank. Wenn dort nichts Lohnendes für sie zu finden war, setzte sie sich auf ihren Platz am Tisch, streckte gebieterisch den Arm aus und wies mit dem Zeigefinger zum Obstkorb (nur wenn Bananen darin waren!) und ließ ein „Daaaa!" hören. Wenn sie das Geforderte erhalten hatte, mampfte sie es hinunter und ging in den Tagesraum.
Dort stand sie mitten im Raum unter einem an einer Schnur befestigten Luftballon, stupste ihn an und drehte und wendete ihren Körper zu der Bewegung des Ballons.

Abb. 50

Diese Zeit brauchte Katja, um sich später auf Anforderungen einlassen zu können. Sie hatte ein Cochlear-Implantat, trug den kleinen Apparat auf den Rücken geschnallt und fand den Kontaktpunkt für die Spule über ihrem Ohr selber am besten – wenn sie allerdings wütend wurde oder es für sie zu laut wurde, riss sie sich die Spule ab. Oft fiel uns das erst auf, wenn sie selbst auf Angebote, die sie sonst gern annahm, nicht reagierte. Dann tippten wir nur an ihren Kopf und sie „schloss sich wieder an". Ganz offensichtlich verstand sie dann Sprache, denn wenn Katja wollte, folgte sie den Aufforderungen zügig. Ihre eigene Sprache war die Körpersprache, die sie allerdings nur einsetzte, wenn sie etwas zu essen wünschte oder wütend war. Dann schlug sie auch mit dem Kopf oder den Fäusten die neben ihr stehende Erzieherin oder den Lehrer.

Ausgesprochen gern mochte sie lange Haare, am besten mit vielen Locken. Frauen mit solchem Aussehen schloss sie sofort ins Herz – allerdings die Haare auch in ihre fest geschlossene Faust. Es kostete einige Zeit, ihr diese „Zuneigung" auszureden und ihr beizubringen, nur zu gucken und nicht zu greifen. Ganz haben wir das noch immer nicht geschafft. Diese Vorliebe gehört in die lange Reihe von auffallenden Verhaltensweisen von Katja. Der Wunsch Dinge, die von der Decke herabhängen, zu bewegen und später zu zerstören, war ein ebenso starker Zwang. Menschliche Nähe bedrängte sie, und sie rückte sofort weg, wenn sich jemand zu dicht neben sie setzte.

Katja sah mich mit ihren sehr schönen Augen taxierend an – und doch wieder nicht. Menschen waren lebende Gegenstände, so schien es mir. Sie betrachtete sie interessiert wie Bilder, ging meistens einmal um einen herum, sah sich evtl. Schmuck und vor allem Haare genau an. Wenn der Mensch ihr gefiel, nahm sie ihn an die Hand und wollte mit ihm weggehen. Wohin wurde nicht klar, nur raus.

Katja war sehr geschickt in ihrer Bewegung, obwohl sie sehr füllig war. Am Anfang ihrer Schulzeit bei uns bestand ihr ganzes Streben daraus, erst scheinbar gelangweilt zur Tür zu trödeln, die Tür zu öffnen und dann blitzschnell zu verschwinden. In der gesamten Einrichtung mussten wir suchen. Offenbar hatte sie auf dem Weg vom Taxi in die Gruppe sehr genau die Räumlichkeiten studiert. Auch wenn wir natürlich schimpften, zeigte sie keinerlei schlechtes Gewissen. Das Weglaufen gehörte zu ihr ebenso wie das Antippen von hängenden Gegenständen.

In das Gruppengeschehen konnte sie nur langsam integriert werden, obwohl sie in praktischen Dingen geschickter als die meisten anderen Kinder war und oft sehr viel schneller begriffen hatte, was zu tun war. Der Unterricht zusammen mit Jan und Sophie war nur möglich, wenn eine Erzieherin neben Katja saß. Ganz allmählich wurde die Dauer ihrer Aufmerksamkeit und Duldung von Nähe größer. Ein gemeinsamer Morgenkreis bestand lange Zeit für Katja im Abwehren, Ausbruchsversuchen und wenn das alles nichts half, im Verweigern.

4.9.1 Stärken – Schwächen

- Katja ist eine starke Persönlichkeit
- hat einen ausgeprägten Willen
- sie kann gut und ausdauernd malen

- schnelle Auffassungsgabe
- selbständig essen – sogar mit Messer und Gabel
- gute Motorik
- gutes Sehvermögen
- Anfänge in Gebärdensprache
- Farben sicher zuordnen
- Schleife binden
- alleine spielen

Dagegen stand:

- Katja kann sich nicht anpassen
- keine Nähe ertragen
- nicht warten
- Appetit nicht zügeln – sie ist viel zu dick
- nicht sprechen
- nicht hören

4.9.2 Zugang finden

Schon sehr schnell zeigte sich, dass man mit Katja nur Kontakt aufnehmen konnte, wenn man sich sehr vorsichtig näherte. Sich einzuklinken, wenn sie z.B. mit dem Luftballon an der Schnur beschäftigt war, konnte zu einem Wutanfall führen. Ich musste mich einfach daneben stellen, abwarten, dass Katja einen Blick auf mich warf. Dann erst konnte ich sie mit Worten und Gebärden auffordern, zu mir zu kommen, was sie meistens auch wie selbstverständlich tat. Sie schob dann ihre Hand in meine und ging mit lockerem Gang und leicht schaukelnden Kopfbewegungen neben mir zum Spielraum.

Auch sie liebte den großen Therapieball, so dass damit der Anfang gemacht werden konnte. Allerdings benötigte Katja auch hier zunächst einen Freiraum und wollte sich allein mit dem Ball beschäftigen. Stück für Stück kam man sich näher: Ich fasste ihre Fußgelenke und steuerte so ihre Bewegungen, während sie auf dem Ball saß. Dabei sah Katja zuerst noch durch mich hindurch. Aber dann richteten sich ihre Augen gezielt auf mich. Das war das Zeichen, dass sie nun bereit war. Jetzt konnte ich sie auffordern, sich auf den Bauch oder den Rücken zu legen, um sich von mir bewegen zu lassen. Dabei beobachtete ich sie so aufmerksam, dass ich ihr zuvorkommen konnte, wenn sie die Aktion beenden wollte. Denn nur so war eine weitere Mitarbeit von Katja zu erreichen. Das gelang nicht an jedem Tag, mit der Zeit jedoch häufiger.

Wenn sie sich richtig wohl fühlte, begann sie sogar auf ihre Weise zu singen. Wir konnten dann zusammen tanzen oder auch mit allen erdenklichen Gegenständen Musik machen (Joghurtbechern, Kartons, Handtrommeln, Rasseln usw.).

Für Katja hatte ich immer mehrere Angebote bereit, die sie wählen konnte. Das geschah durch entsprechende Objekte, wie Rhythmikmatten, Tennisbälle, Tischtennisbälle, Malstifte, Bilderbücher, Igelball, Wollknäuel oder Decke. Mir schien es, dass Katja richtig mitmachen konnte, wenn sie das Gefühl hatte, das Geschehen bestimmt zu haben – und der Erfolg gab mir Recht. Wählte sie z.B. Tennisbälle, so bedeutete das: Abrollen, Massage, Umrollen von Hindernissen, fangen und werfen, Fußgymnastik. Schon nach wenigen Wiederholungen, kannte Katja den Ablauf.

4.9.3 Basis-Programm

a) Nähe annehmen
b) Aufforderungen ausführen
c) Freude an Bewegungen teilen
d) Unterstützung der Sprachanbahnung
e) Belohnung

***

a) Nähe annehmen
Nähe zu dulden, Berührungen anzunehmen, betrachte ich als Tor zum gemeinsamen Tun. Katja beobachtete zwar das Treiben um sich herum, aber aus sicherer Entfernung. Sie ging nur auf andere Kinder oder uns Erwachsene zu, wenn wir eine Beschäftigung mit einem für sie interessanten Material (Luftballons, Wolle, Buntstifte o. ä.) ausführten. Wähnte sie sich unbeobachtet, war der Reiz, sich zu entfernen für sie unwiderstehlich.

Um mit ihr in Kontakt zu treten, war das Medium wichtig. Wollte ich mit ihr mit dem Therapieball etwas tun, so spielte ich zuerst damit und sie kam hinzu. Am liebsten hüpfte auch sie darauf herum. Dazu brauchte sie mich zum Festhalten. Wenn sie genug hatte, ließ sie sich auch auf meine Vorschläge ein: mit dem Bauch, dem Rücken oder im Schneidersitz auf dem Ball.

Anschließend mochte Katja sich auf die Matte legen und mit Papier zudecken lassen. Auf dem Papier konnte ich sie dann streicheln und vorsichtig massieren und abklopfen, was sie bald schon mit leisem Kichern begleitete. Begeistert saß sie danach auf der Matte und knüllte die Papierblätter zu Bällen, mit denen wir uns gegenseitig bewarfen. Zum Schluss steckten wir sie in einen kleineren Bettbezug, der nach einigen Stunden schon ein Sitzsack wurde, auf dem Katja gern herumwühlte.

Mit Knete rollten wir kleine Schlangen, die ich zu Ringen formte und Katja auf die Finger steckte – sie liebte ja Schmuck besonders. Mit den beringten Fingern an hochgestreckten Händen bewegte sie sich fast tanzend mit leichten Drehbewegungen durch den Raum. Diesem Tanz schloss ich mich an und kam ihr entgegen, streckte z.B. meinen Zeigefinger hin und sie verstand die Aufforderung sofort, indem sie mir den Knetering über meinen Finger stülpte. Das tanzten wir so lange, bis ich alle Ringe an meinen Händen hatte. Dann setzten wir uns auf den Boden und Katja durfte die Ringe abnehmen und zu einem dicken Ball kneten, den wir noch kurz zwischen uns hin und her rollten. Damit war aber auch Katjas Kontaktvermögen erschöpft.

b) Aufforderungen ausführen

In der ersten Zeit konnte ich lediglich den Punkt a) erreichen, aber nach ca. drei Monaten, war eine frühere Programmänderung möglich. Nach dem Ball-Einstieg wurde die Massage auf der Matte mit von Katja gewähltem Material ausgeführt. Dabei bevorzugte sie weiche Bälle.

Wenn die Massage beendet war, durfte sie wieder aus zwei Materialien wählen, z.B. Tischtennisbälle oder Malstifte. Entschied sie sich für Malstifte, wollte sie am liebsten sofort drauflos malen. Aber nun hieß mein Thema ja: Aufforderungen ausführen. Katja verstand das meiste, was man ihr sagte. So forderte ich sie auf, sich selbst zu malen und zwar in der Reihenfolge, wie ich es sagte: Kopf, Hals, Bauch, Arme, Beine, Ohren, Haare. Dann fragte ich sie: „Welche Farbe hat deine Hose?“ und sie wählte die entsprechende Farbe und zog so nach und nach ihre Figur an. Wenn es „ihr Tag“ war, malte sie sogar mich.

Wenn das Bild zu ihrer Zufriedenheit ausgefallen war, musste ich aufpassen, dass sie das Ganze nicht schwarz übermalte oder so lange bearbeitete, bis es ein Loch hatte.

Wählte Katja Tischtennisbälle, so spielte ich mit ihr ein Auge-Hand-Koordinations-Spiel: Auf dem Tisch oder dem Fußboden lag zwischen uns ein Blechdeckel von einer Keksdose (macht so schön Lärm). Wir saßen uns gegenüber und es galt, einen Tischtennisball immer einmal im Deckel hüpfen zu lassen, bevor der andere ihn fangen sollte. Dieses Spiel konnte Katja hervorragend und war begeistert dabei. Wenn es für sie lang genug gespielt war, knallte sie den Ball mit einer solchen Wucht in den Deckel, dass er bis an die Decke sprang. Deutlicher brauchte sie nicht zu werden!

Auch mit Wollknäueln, die sie eine Zeit lang besonders liebte, war sie trotz des übergroßen Reizes bereit, auf meine Forderungen einzugehen, wenn sie zuerst großflächig die Fäden um alle möglichen Tischbeine usw. wickeln durfte. Wir überkletterten die Sperren oder rutschten unten durch, gingen daran entlang vorwärts und rückwärts. Das abschließende Aufwickeln war wieder eine gute Handgeschicklichkeits- und Ausdauer-Übung.

c) Freude an Bewegungen teilen
Katja war, wie bereits gesagt, sehr bewegungsfreudig. Aber diese Freude mit anderen zu teilen, fiel ihr sehr schwer, weil sie dann nicht mehr ihren eigenen Rhythmus durchsetzen konnte. Ein Anfang wurde schon durch das Hüpfen usw. auf dem Therapieball gemacht, da ich dabei langsam von ihren Bewegungsvorstellungen zu meinen überleiten konnte.

Beim gemeinsamen Tanz war die Unterordnung noch ausgeprägter, so dass auch hier eine vorsichtige Annäherung geschehen musste. Katja liebte stark rhythmische Musik. Ich benutzte die fidula-fon-Kindertänze und davon: „Tanz Maruschka“. Wie früher in meiner Kindergartenarbeit ließ ich Katja zunächst danach tanzen wie sie wollte, während ich nebenher die von mir geplante Form tanzte. Es dauerte nicht lange, bis ich zumindest den Refrain: „Tanz Maruschka ... dreh’ dich immer schneller...“ mit ihr zusammen tanzen durfte.

Bald schon duldete sie, nein, sie forderte sogar manchmal gemeinsame Turnübungen, in etwa aus dem Bereich „Mutter-Kind-

Turnen": Auf dem Boden sitzend, hielt ich Katja zwischen meinen Beinen und schaukelte nach hinten und vorn und zur Seite mit ihr. Auch wenn ich eine Brücke für sie machte (Hände und Füße auf dem Boden, Po hoch) krabbelte sie begeistert hindurch. Gelang mir das bei ihr nicht – so ließ ich einen Ball hindurch rollen.

Nach dieser Vorarbeit geschah es dann, worauf wir alle gehofft hatten: Katja kletterte in der Pause auf unserem Spielplatz zu den anderen Kindern auf das Trampolin und ließ sich zufrieden mitreißen.

Abb. 51

d) Unterstützung der Sprachanbahnung

Katja „sprach" viel vor sich hin, wenn sie guter Dinge war. Ganz offensichtlich bereitete es ihr Vergnügen, ihre Stimme zu variieren. Auch wenn sie allein in einer Ecke saß und z.B. ein Bild betrachtete, lautierte sie. Da sie die Sprache zu verstehen schien (das schlossen wir aus ihren folgerichtigen Handlungen), hatte sie begriffen, dass Sprache wohl zum Kontaktfinden und vor allem zum Erreichen von Forderungen dienen konnte.

Am Tisch, bei ihrer Lieblingsbeschäftigung, forderten wir sie stets auf, sich sprachlich zu äußern. Das begann damit, dass Katja herrisch fordernd ihren Arm ausstreckte und mit dem Finger auf den Gegenstand ihrer Begierde zeigte und „da!“ sagte. In der ersten Zeit geschah das ständig, so dass die übrigen Kinder daraus das „Katja-Spiel“ machten und uns ziemlich nervten, wenn wir den ganzen Nachmittag „da“ hören durften. Auf diese Forderung und Äußerung reagierten wir. Katja bekam z.B. die Banane mit dem dazu deutlich und betont gesprochenen Namen, das Ganze unterstützt durch Gebärde. Ein leichtes Tippen auf ihr Kinn und die Bitte: „Sprich“ hatte wenigstens den Erfolg, dass sie dem Bittenden ins Gesicht sah. Nach ca. 2 Monaten bemühte sie sich, das Wort irgendwie herauszubringen. Wir unterstützten die Anstrengung mit dem Phonemsystem (Handzeichen, die die Buchstaben phonetisch anzeigen). Dadurch sah Katja genauer hin. Zumindest wurde aus einem nur geöffneten Mund ein vages Mundbild und aus dem vorgesprochenen Wort „Banane“ wurde „Baa“. Die Wortanfänge gelangen ihr auf diese Weise später immer besser. Der Lehrer forcierte die Sprachbildung in Einzelstunden und Katja sprach dann einige Worte klar und gut.

Um Katjas ungeübte Gesichts- und Mundmuskulatur für diese Arbeit zu schulen, spielte ich mit ihr Puste-Spiele:

- Sie lag auf dem Rücken und ich legte ihr einen Kosmetik-Wattebausch auf die Nase, den sie wegpusten musste. Von der Nase fiel er ja schnell, aber vom ganzen Gesicht war das schon schwieriger. Katja gefiel dieses Spiel sehr gut – natürlich nicht lange.
- An einem kleinen Tisch saßen wir uns gegenüber und pusteten den Wattebausch hin und her. Auch mit mehreren Wattebällchen machte das Spaß.
- Weiter ging es mit Pusten: Ein Tischtennisball musste in einer Schale herumgepustet werden, später vorsichtiger in einem Gymnastikreifen.
- Auch der Luftballon, der am Faden von der Decke herunterhing, konnte gepustet werden.
- Richtig toll fand Katja, wenn sie mit einem Trinkhalm das Seifenwasser in einer Schale zum Schäumen bringen durfte. (Das man das nicht trinken sollte, hatte sie sehr schnell akzeptiert.)

Dass eine solche Pusterei anstrengend ist, konnten wir sehr gut feststellen. Aber danach war Katja auch bereit, sich neben mich zu setzen, um sich ein Bilderbuch anzusehen. Ich nahm ganz einfache Bücher mit mittelgroßen Abbildungen. Am liebsten mochte Katja Tierbücher und sprach die von mir vorgesprochenen und gebärdeten Tiernamen oder Laute willig nach. Wenn sie später das Buch allein ansah, hörte ich sie stets sprechen.

Aus dem Bücheransehen folgte das Tierspiel:
- Ein altes Bettlaken war mein Zaubertuch. Katja saß auf der einen Ecke und ließ sich von mir durch den Raum ziehen. Wenn ich dann „Hokuspokus fidibus“ rief, legte ich die andere Seite des Tuches über sie und verzauberte sie z.B. in eine Katze und miaute laut. Nach anfänglicher Verwunderung machte Katja freudig mit und zeigte dabei sehr deutlich, wie gut sie verstanden hatte und vor allem alles beobachten konnte. Auffallend war für mich dabei lediglich, dass sie zwar meine Bewegungsvorgabe als Anreiz brauchte, aber dann alleine spielen wollte.

e) Belohnung
Für Katja waren meine Einheiten eine große Anstrengung, weil sie stets so körpernah waren. Sie wurde also damit belohnt, dass sie zwar noch einmal sprechen musste, um ihren Wunsch zu äußern, aber dann durfte sie allein sein.

Auswahlmöglichkeiten gab ich ihr durch die Wahl zwischen dem kleinen Trampolin, dem mittlerweile gut gefüllten Papiersack, vielen Decken und Tüchern – und ihren Wollknäueln.

Wir sind alle der Meinung, dass Katja schon in dem einen Jahr vom totalen Einzelgänger zu einem Gesellschaftskind geworden ist. Jedenfalls geschieht es nur noch sehr selten, dass sie einfach verschwindet. Wenn sie sich auch von der Gruppe fernhält, so beobachtet sie doch nebenbei sehr intensiv und wählt ihre Plätze so, dass sie freien Blick auf das Geschehen hat.

5. Angebote in der Kleingruppe

Zwischen dem Eintauchen in die große Gemeinschaft und dem Wahrnehmen vieler Menschen und Geräusche, wie es im Spielturnen geschieht, und der Einzelförderung besteht in der Kleingruppe eine für alle Beteiligten befriedigende Erfahrungsmöglichkeit.

1. Die Kinder stehen mir nicht allein gegenüber.
2. Ich muss sehr viel flexibler sein.
3. Die Fähigkeiten der Kinder können sich ergänzen.
4. Vorsichtiges Annähern ist möglich.
5. Langsames Lösen vom Erwachsenen (was gerade beim behinderten Kind sehr schwer ist).

Um eine gute Atmosphäre zu bekommen, ist es wichtig, die passenden Kinder zusammenzubringen. Das heißt nicht, gleich schwache oder gleich starke Kinder in eine Kleingruppe zu nehmen. In meiner Arbeit hat es sich sehr bewährt, Schwächen und Stärken zu verteilen. Wenn ich von einer Gruppenstärke zwischen zwei und fünf Kindern ausgehe, so ist es gut, wenn je ein Kind darin ist, das sehen, wenigstens eins, das laufen und wenigstens eins, das hören kann.

Das Ziel dieser Arbeit soll es sein, die Kinder in ihrem sozialen Verhalten zu stärken und sie anzuleiten, andere in ihrer jeweiligen Eigenart zu akzeptieren. Inhalte reichen von Körperschulung über Wahrnehmungsübungen bis hin zu Regelspielen.

„Gemeinsam sind wir stark“ sollte dabei heraus kommen!

5.1 Einander wahrnehmen (Dreier-Gruppe)

Carsten war ein zehnjähriger Junge, der fast taub und stark sehbehindert war. Eine Sprachanbahnung hatte keinen wünschenswerten Erfolg gebracht. Er bemühte sich zwar, Laute hervorzubringen, wenn er sich bemerkbar machen wollte. Außer „ab“, was so viel wie „lass mich in Ruhe, geh weg“ bedeutete, gelang ihm jedoch kein Wort. Aufgrund dieser Sprachlosigkeit reagierte er häufig mit Aggression und später Resignation und Absonderung auf das Unverständnis von uns Erwachsenen und auch der Kinder. Er entwickelte sich zu einem Stubenhocker, der ständig in Bilderbüchern herumsuchte oder mit kleinen Geschicklichkeitsspielen hantierte.

Bedingt durch die Sehbehinderung – aber auch durch die Taubheit – entwickelte er Fehlhaltungen: Rundrücken, Schieflage des Kopfes. Seine große Bewegungsfaulheit ließ ihn jedes Mal heulen, wenn Spaziergang angesagt war.
Die anderen Kinder der Gruppe interessierten ihn nicht, sie reagierten ja nicht auf seine Wünsche und konnten das, was er wollte und ausführen konnte, ohnehin nicht.

Miriam war nach 9 Jahren mit lediglich 10 % Sehvermögen voll taubblind geworden. Zu Beginn zeigte sie ein so aggressives, verweigerndes Verhalten, dass wir oft verzweifelt waren – wie sie. Mit dem Beginn des Gebärden-Verständnisses wurde alles besser. Wenn Miriam früher versucht hatte, einen Erwachsenen hinter sich her zu zerren und sich sofort auf den Boden schmiss, wenn das nicht gelang, probierte sie schon sehr schnell wenigstens etwas Ähnliches wie eine Gebärde. Der Erfolg gab ihr Recht und Mut. Sie war der lebende Beweis dafür, dass die Gebärde eine Sprache ist und ein Weg zum gegenseitigen Verstehen und damit zur Zufriedenheit. Sie wuchs sogar „zweisprachig" auf, indem wir zuerst mit ihren Händen (sie musste die Gebärden ja erfühlen) die Gebärden übten und dann das Wort mit dem Lorm-Alphabet in ihre Handfläche gaben. Da sie in den ersten Jahren einige Wörter erlernt hatte und auch schreiben konnte, war die Grundlage für ein Wortverständnis vorhanden. Sie war schon bald in der Lage, auch uns ihre Wünsche in Kurzform in die Hand zu lormen – oder auch lange Geschichten (allerdings nur ihre immer wiederkehrenden). Wenn kein Großer zu ergattern war, nahm sie sogar eine Puppe und lormte auf deren Füße, weil die Puppenhände so krumm waren. Sogar die Braille-Schrift lernte sie auf dem Weg über ein „Diktat" der Buchstaben auf die Hand. Nachdem sie das Wort geschrieben hatte, tastete sie die Punkte ab und gebärdete mit fragendem Gesichtsausdruck und freute sich über eine lobende Bestätigung.

Regina war ebenfalls taub und sehr stark sehbehindert. Auch sie konnte mit ihren 8 Jahren nicht sprechen. Da zusätzlich eine geistige Behinderung vorlag, gelang es sehr viel mühsamer, ihr wenige Gebärden zu zeigen. Immerhin konnte sie damit aber den engen Kreis ihrer Bedürfnisse ausdrücken. Regina war ausgesprochen neugierig und erspähte mit ihrem geringen Sehvermögen alles, was für sie interessant war – vor allem leuchtende, glänzende Dinge, die sie gern wie eine kleine diebische Elster sammelte und in ihrem Bett oder Puppenwagen hortete. Andere Kinder nahm sie nur wahr, wenn sie etwas für sie reizvolles in den Händen hielten. Am liebsten stand sie irgendwo unter einer Lichtquelle und verschaffte sich durch Wedeln mit der Hand vor den Augen besondere Lichtreize.

Mit diesen Dreien unternahm ich meine ersten psychomotorischen Versuche mit behinderten Kindern.

Abends vor dem Schlafengehen setzten wir uns zu einem kleinen Kreis auf den Boden.

In die Mitte legte ich ein Tuch und darunter einen kleinen Gymnastikball, in den ich einen Stein gesteckt hatte (damit eine Bewegung darin zu spüren war). Ich gebärdete Carsten, dass er den Ball holen und ihn Miriam geben sollte (jedes Kind hatte seine eigene Gebärde). Das tat er auch, aber der Ball wurde ihm nicht abgenommen – sie sah ihn doch nicht. Carsten musste nun wohl oder übel Miriams Hände anfassen und ihr den Ball direkt hineinlegen.

Miriam wiederum sollte den Ball an Regina weitergeben. Sie musste den Ball zwischen ihren Beinen ablegen, um erst einmal mit den Händen zu orten, wo Regina war. Erst dann konnte der Ball weitergegeben werden!

Regina sollte ihn mir geben. Sie verstand sehr wohl meine Bitte-Gebärde, aber etwas herzugeben, fiel ihr ungemein schwer.

Das ist zwar eine sehr simple Übung, aber bis alles reibungslos funktionierte, dauerte es Wochen.

Der Ablauf mit Kreis und Tuch blieb lange gleich, während die Gegenstände unter dem Tuch wechselten. Nachdem das Tun sicher begriffen war, folgten dann die entsprechenden Gebärden zu den Gegenständen. So kamen „Zwei-Wort-Sätze“ zustande: „Carsten Ball“ oder „Miriam Becher“ oder „Regina Löffel“. Damit war der Bogen vom reinen Kontaktaufnehmen zum miteinander Reden geschlagen.

5.2 Wir gehören zusammen (Fünfer-Gruppe)

Sophie, Jan, Silke, Marie und Katja kamen zusammen in eine neu eingerichtete Gruppe. Sie kamen aus unterschiedlichen Einrichtungen und Elternhäusern. Sophie und Katja waren Tagesschülerinnen und fuhren jeden Nachmittag nach Hause (auch wenn das 90 km entfernt war). Marie aus Nordrhein-Westfalen und Silke und Jan aus Ostfriesland waren Internatsschüler und fuhren an jedem Wochenende zu der Familie. Wie unterschiedlich ihre Fähigkeiten und Charaktere waren, habe ich bereits beschrieben.

Ich sehe sie noch vor mir, wie sie am ersten Tag ohne die Eltern im Stuhlkreis saßen: Erwartung und Angst stand gemischt in ihren Gesichtern. Uns Erwachsene sahen sie fragend und hilfesuchend an. Gegenseitig musterten sie sich abwartend. Sie hatten sich nicht ausgesucht, miteinander den Tag oder die Woche zu verbringen – uns schon gar nicht.

Aber wie bei den meisten Kindern siegte die Neugier und die Freude über neue Angebote und neue Menschen. Das gegenseitige Kennenlernen unterstützten wir durch Spiele. Dabei entstand dann auch Katjas Vorliebe für Wollknäuel:

Wir saßen im Kreis auf Stühlen. Ein Knäuel wurde herum gereicht und dabei der Name gesagt und eine Gebärde gesucht. Wenn alle durch den Faden verbunden waren und festhielten, standen alle auf und gingen in einer Richtung im Kreis, bis jeder wieder an seinem Platz angekommen war. Dann wurde das Knäuel zum Gegenüber gerollt (Werfen und Fangen ging ja schon durch das Festhalten nicht) und der Name dazu gesagt. Schon bald war ein Netz gespannt.

Durch die Fäden dieses Netzes durfte dann jedes Kind nacheinander hindurch krabbeln oder klettern. Dabei war die jeweilige Geschicklichkeit gut zu beobachten. Abschließend musste der Faden von Person zu Person wieder aufgerollt werden. Wieder konnte ich die entsprechende Fertigkeit sehen.

Auch das allerorts beliebte: Mein rechter, rechter Platz ist frei ... verhalf mit Bewegung zu besserem Namen lernen.

Ein paar Wochen später schon konnte ich diese Gruppe in einer Stunde zusammen spielen lassen.

Nach Musik wie z.B. „Wir gehen jetzt im Kreise“, gingen wir durch den Raum – mal angefasst, mal einzeln.

- Im Kreis setzten wir uns auf den Boden, zogen Schuhe und Strümpfe aus, und legten eine Decke über unsere Beine. Unter der Decke berührten sich die Füße und die Kinder sollten raten, wessen Füße sie fühlten. Mit Jubel wurde zum Schluss die Decke hoch- und weggestrampelt.
- Alle legten sich auf den Bauch und die Hände kamen unter die Decke. Das Spiel begann von vorn.
- Alle legten sich hin und eine große Decke wurde über sie gelegt. Darüber rollte ich den Therapieball. Wenn sich das anfängliche Kichern gelegt hatte, wurden die Kinder sehr ruhig und genossen es, wenn der Ball mit leichtem Druck über sie rollte.
- Wir setzten uns alle auf Stühle in einen Kreis und legten den Therapieball in die Mitte, so dass wir ganz eng zusammen und am Ball saßen. Jetzt kamen alle Kinderhände auf den Ball und meine Hand wollte sie fangen. Mit langsam kreisenden Bewegungen führte ich meine Hand über ihren, um dann plötzlich hinab zu sausen. Nachdem alle erkannt hatten, was Sache war, hatte ich es ganz schön schwer, eine Hand zu erwischen. Aber weil dann die gefangene Hand das Spiel bestimmten durfte, blieben doch bald Maries oder Silkes Hände liegen.
- Zum Lockern und als Fingerübungen trommelten und klopften wir zusammen auf dem Ball herum. Zuerst völlig frei, dann nach und nach mit Forderungen wie: nur mit der rechten, der linken Faust, dem kleinen Finger usw. oder auch Zählen (jeder zweimal oder einen Rhythmus nachklopfen).
- Dann durfte sich ein Kind nach dem anderen auf den Ball setzen und alle berührten den Ball und bewegten in vorsichtig hin und her oder klopften darauf. Das sitzende Kind sollte die Augen schließen, wenn es sicher war. Nach genügender Erfahrung saßen die Kinder sogar im Schneidersitz auf dem Ball und ließen sich von uns anderen am Rücken und den Schultern hin und her oder gar im Kreis bewegen.
- Das war eine gute Vorbereitung für das „Vertrauensspiel“, welches außer Katja jedes Kind versuchte. (Katja tat es erst am Ende des ersten gemeinsamen Jahres.) Alle standen in

einem engen Kreis beisammen und ein Kind stellte sich mit geschlossenen Augen stocksteif in die Mitte. Es wurde behutsam vorwärts und rückwärts geschubst und wenn möglich sogar zur Seite. Ich war sehr beeindruckt, wie vertrauensvoll und wie fürsorglich die Kinder miteinander umgingen. Erwachsene haben bei diesem Spiel häufig große Schwierigkeiten.

- Der große Therapieball war ein beliebtes Objekt. Wenn eine Matte darauf gelegt wurde, konnte sich ein Kind auf dem Bauch oder Rücken darauf legen und wurde von allen hin und her gezogen. Ein tolles Gefühl!
- Eine herrliche Massage kann man erleben, wenn man sich mit dem Rücken gegen den Ball lehnt und den Kopf zurücklehnt. Alle Kinder klopfen dann auf den Ball und an die Seiten mit den Fäusten oder den Händen.

Mit einem Bettlaken oder auch einer Malerfolie oder einer Rettungs-Alu-Decke kann man gut ein Schwungtuch ersetzen.

- Schon das gemeinsame Hoch- und Runterschwingen bedarf genauer Zusammenarbeit.
- Wenn dann noch ein „Wetterbericht“ dazu kommt, wird das Tempo bestimmt: Der Wind weht ganz leise, immer stärker, es stürmt usw.
- Unter das Tuch darf sich ein Kind legen, auf das Tuch kommen viele Tennisbälle. Alle versuchen, die Bälle auf dem Tuch herumrollen zu lassen, so dass das Kind überrollt wird.
- Alle Tennisbälle kommen unter das Tuch und ein Kind darf sich darauf legen. Alle anderen versuchen, das Kind auf den Bällen zu bewegen – auch das ist eine schöne Massage.
- Alle Bälle werden wieder auf das Tuch gelegt und jetzt geht es darum, dass kein Ball hinunterrollt. Das Tuch muss gut gestrafft gehalten und die Höhe abgestimmt werden.
- Wenn die einzelnen Übungen auch noch variiert werden, indem z.B. alle das Tuch im Sitzen oder gar in der Bauchlage halten müssen, werden völlig andere Muskelpartien beansprucht und der Blickwinkel, damit auch die Wahrnehmung verändert.

Zum Schluss werden alle Bälle hochgeschleudert, ich raffe das Tuch zusammen und alle Kinder stürzen sich mit Eifer auf die

Bälle und sammeln sie aus allen Ecken in den Eimer. „Mit Musik geht alles besser“ heißt dabei das Motto, wobei die Musik von der Kassette kommen kann.

In unserem Spielraum hing ein großes Bild, das von allen Kindern und mir zusammen gemalt war. Ich hatte immer nur einen groben Umriss der Personen aufgemalt und jedes Kind suchte sich seinen heraus und malte ihn aus. Nach ersten Schreiberfolgen kamen die Namen dazu.

5.3 Silke und Marie – Partnerübungen zum Ausgleichen von Haltungsschwächen, Koordination und Körpergefühl

Silke und Marie schienen auf den ersten Blick völlig unterschiedliche körperliche Voraussetzungen zu haben. Während Marie wirkte, als strotzte sie vor Kraft, vermittelte Silke den Eindruck, recht schwächlich und zart zu sein.
Maries Körperbau war etwas gedrungen und mit gröberem Knochenbau. Sie war gerade noch als schlank zu bezeichnen, wenn man sie auf ihren Bauch aufmerksam machte. Den schob sie weit vor sich her und zeigte dabei ein starkes Hohlkreuz. Die Knie hielt sie durchgedrückt, die Beine standen ein wenig x-beinig und die Füße waren einem Senkfuß nahe. Marie ging über den „großen Onkel“. Silke dagegen war lang und dünn, aber auch sie neigte zum Hohlkreuz und Rundrücken. Aufgrund ihrer stärkeren Sehbehinderung waren auch ihre Bewegungen nicht so harmonisch und spontan wie die von Marie.

In der Belastung, z.B. beim Sport oder Spazierengehen und Herumtoben ermüdeten beide gleich schnell. Es zeigte sich, dass Marie zwar energiegeladen, ihre Muskulatur jedoch ungeübt war. Ihr Krafteinsatz kam zwar schnell zustande, erschlaffte aber ebenso schnell wieder. Silke war zäh und glich dadurch die geringere Kraft aus. Den Haltungstest (im Stand die Arme gestreckt nach vorn in Schulterhöhe ca. 30 sec. halten) absolvierten beide mit dem gleichen Ergebnis: Schon nach 10 sec. fielen beide ins Hohlkreuz und die Arme senkten sich, was beide Mädchen mit dem Hochziehen der Schultern ausgleichen wollten.

Gerade für sehbehinderte Menschen ist eine starke Nacken- und Rückenmuskulatur, sowie ein geschultes Haltungsbewusstsein sehr wichtig. Sie müssen meistens eine verkrampfte Kopfstellung einnehmen, um die Sehreste nutzen zu können (bei einseitiger Blindheit z.B.) oder so dicht an das Bild oder die Schrift heran, dass die Nase das Blatt berührt und Rücken tief gebeugt werden muss. Oder aber der Kopf muss unnatürlich hoch gehalten und in den Nacken gekippt werden, um einen Gesamteindruck zu erhalten – wie in Silkes Fall. Durch das unsichere Sehen ist oft auch die Bewegung unsicher und ein häufiges Stolpern oder Fallen erfordert ein geschicktes Ausbalancieren. Ein gut trainierter Körper wird mit diesen Anforderungen besser fertig und ermüdet nicht so schnell.

Da sich Silke und Marie schnell angefreundet hatten, bot es sich an, beide zusammen auf diesem Gebiet zu fördern. Eine völlig natürliche Konkurrenz stachelte den Ehrgeiz an und schaffte mehr Spannung und Freude an den Übungen, die natürlich in Spiele verpackt waren.

5.3.1 Luftballons

- Jede bekommt einen Luftballon und spielt für sich allein. Einzige Aufgabe: Der Ballon soll nicht auf den Boden fallen.
- Jede bekommt zwei Ballons und versucht es weiter allein.
- Jetzt sollen beide Mädchen alle vier Ballons in der Luft halten.
- Ein Ballon soll vorsichtig auf dem Handrücken, der Handfläche, dem Arm usw. balanciert werden.
- Die Mädchen sitzen sich gegenüber (möglichst im Schneidersitz wegen der besseren Wirbelsäulenhaltung) und reichen sich einen Ballon vorsichtig zwischen den Zeigefingern, auf dem Handrücken usw. hin und her.
- Im Strecksitz reichen sie sich den Ballon mit den Füßen (Höhe und Seite wird verändert).
- Der Ballon wird von einer zur anderen in die Höhe geworfen und soll gefangen werden (Rücksicht und Energie bündeln!).
- Der Luftballon wird an einem Band unter der Decke in Augenhöhe befestigt. Jetzt kann „Federball“ gespielt werden, ohne dass man immer hinterherlaufen muss. Wieder kommt es auf gute Kraftdosierung und Rücksichtnahme an. Für Marie war das sehr herausfordernd und für Silke schwierig, den Ballon zu verfolgen.

Bei allen oben genannten und auch später aufgezeichneten Übungen geht es fast ausschließlich um Auge-Hand-Koordination, Körperkontrolle, Wahrnehmung, Reaktion, Wirbelsäulen-Beweglichkeit, Rücken- und Bauchmuskulatur immer verbunden mit dem Sozialverhalten.

5.3.2 Tennisbälle und Filmdosen

- Die Kinder sitzen sich gegenüber im Grätschsitz, die Füße berühren sich und bilden einen „Garten". Viele Tennisbälle liegen zwischen ihnen und sollen mit den Händen (später nur mit der linken, der rechten Hand) zum Gegenüber geschoben oder gerollt werden – nicht werfen. Es kommt darauf an, dass eine von beiden keinen Ball mehr hat.
- Ein kleiner Eimer steht zwischen ihnen, die Bälle sollen hineingeworfen werden – zuerst im Sitzen, dann im Stehen – später halte ich den Eimer in unterschiedlichen Höhen.
- Im Sitzen (gegenüber) versuchen, einen Ball zunächst einmal aufprellen und dann in den Eimer springen zu lassen.
- Dasselbe im Stehen.
- Ein Kind legt sich in Rückenlage auf die Matte, das andere sitzt auf der einen Seite daneben, ich auf der anderen. Das liegende Kind ist die Hebebrücke.

Abb. 52

- Wir rollen einen Tennisball unter dem Kind hin und her – erst langsam, dann immer schneller: die gestreckten Beine müssen hoch, der Po, dann nur die Schultern, der Rücken, nur der Kopf.
- In Bauchlage: die gestreckten Beine hoch, den Po, den Oberkörper, den ganzen Körper. (Spannender wird es, wenn versucht wird, wie lange die Haltung beibehalten werden kann und wie viele Bälle nacheinander hindurch rollen können!)

Abb. 53

- Im ganzen Raum werden Filmdosen verteilt, Öffnung nach oben. Darauf legen wir zuerst mit den Händen, später mit den Füßen, einen Tennisball. Mit einem weiteren Ball wird nun gekegelt, auch mit den Füßen geht das.
- Die Mädchen setzen sich gegenüber. Eines stülpt der anderen Filmdosen über die Finger. Die Hände sollen so gehalten werden, dass die Dosen mit den Füßen wieder abgenommen werden können!
- Abwechselnd bauen wir aus den Dosen eine Standfläche, auf die sich ein Kind stellen kann und sich dabei gern helfen lässt.

- Beide bauen zusammen einen starken Turm aus den Dosen, den sie gemeinsam zerstören dürfen. Bei jedem Mal wurde er höher – und zum Schluss nicht mehr zerstört.
- Die Dosen wurden auf dem Tisch als Pyramide aufgebaut. Dosenwerfen wie auf dem Jahrmarkt war angesagt.
- Geschicklichkeit war erforderlich zum Balancieren eines Dosen-Türmchens mit den Händen: Wie viele kann ich übereinander tragen?
- Noch schwerer wurde es, wenn noch ein Tennisball darauf lag
- Ausprobieren, ob man sich damit hinsetzen und wieder aufstehen kann
- Viel Spaß macht es auch, ein Kunstwerk zu schaffen: Ein Kind steht oder sitzt und das andere „schmückt" es mit Dosen und Bällen auf dem Kopf, den Schultern, den Beinen und überall, wo es möglich ist. Das geschmückte Kind hat dabei einen durchaus aktiven Part – es ist gar nicht leicht, so stillzuhalten!
- Auch „Fakir" spielen ist beliebt: Zuerst werden ganz viele Filmdosen auf dem Boden verteilt, dann zu einer Körperform geordnet. Ganz vorsichtig kann sich ein Kind darauf legen. Wenn es sich dann noch mit einem Tennisball abrollen lässt, ist alles fast zirkusreif.

5.3.3 Therapieball

- Ein Kind liegt auf der Matte, das andere darf es mit dem dicken Ball abrollen. Wechseln.
- Beide liegen auf der Matte, ich rolle beide zusammen ab und verändere durch Klopfen oder Tippen und unterschiedlichen Druck die Wahrnehmungsmöglichkeiten.
- Beide liegen auf der Matte, eines mit dem Kopf nach rechts, das andere nach links, die Beine liegen gestreckt nebeneinander. Der Abstand muss so groß sein, dass der Therapieball zwischen ihren Pos hindurch rollen kann. Sie liegen auf dem Rücken. Auf Zuruf heben sie die gestreckten Beine und ich rolle den Ball hindurch, die Beine müssen wieder abgelegt werden.

Abb. 54

- Der Ball liegt zwischen ihnen. Die Füße sollen nun an den Ball gestemmt werden und damit der Ball gedrückt werden. Es kommt darauf an, dass er nicht wegrollt.
- Die Füße klopfen mit den Zehenspitzen, dann mit Fersen, dann abwechselnd auf den Ball.
- Die gestreckten Beine werden über den Ball auf die andere Seite gehoben.
- Der Ball wird mit den Füßen und gestreckten Beinen in die Höhe gehoben und möglichst gehalten.
- In Bauchlage wird der Ball mit gestreckten Armen mit den Händen so angehoben, dass die Mädchen sich ansehen können
- Mit gestreckten Armen soll seitlich am Ball geklopft werden, so gleichmäßig, dass der Ball nicht wegrollt.
- Wieder mit gestreckten Armen soll der Ball mit den Händen gehalten und seitlich hin und her bewegt werden – flach über dem Boden.
- Im Sitzen liegt der Ball zwischen den beiden Kindern, zwischen ihren gegrätschten Beinen. Sie können ihn nun hoch heben, darauf klopfen, tippen, streichen, ihn nach rechts und links heben und sich zwischendurch ansehen.

Abb. 55

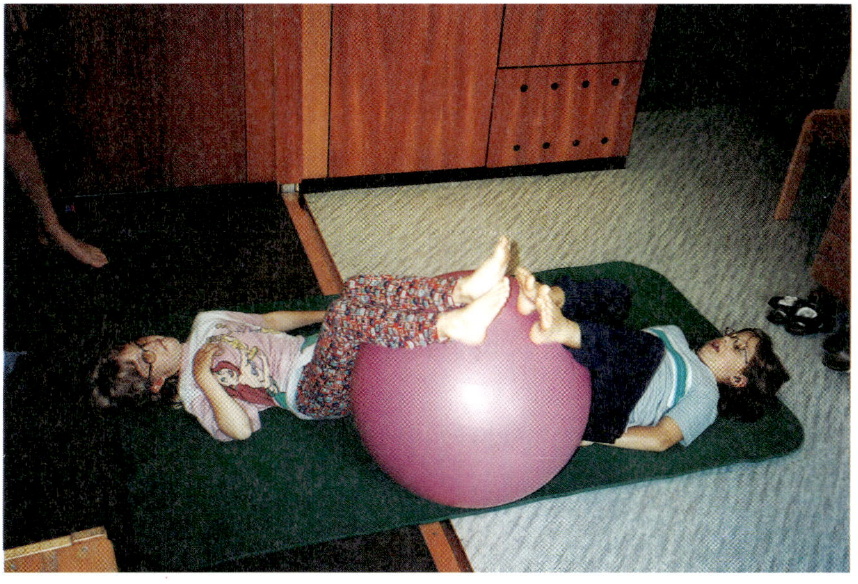

Abb. 56

- Mit dem Rücken gegen den Ball sitzend, fassen sich die Kinder an den Händen und schaukeln sich leicht hin und her.
- Sie versuchen aufzustehen, ohne dass der Ball hinunter fällt.
- Ein Kind sitzt mit dem Rücken am Ball, den Kopf auf den Ball gelegt. Das andere Kind schlägt auf den Ball und bewirkt dadurch eine sanfte Massage. Wechseln. Beide Kinder sitzen und ich klopfe auf den Ball.
- Im Stand versuchen die Beiden abwechselnd den einen Fuß und dann den anderen auf den Ball zu stellen.
- Die eine hebt den Ball hoch (vor sich, neben sich, hinter sich oder über den Kopf), die andere schlägt ihn auf den Boden.
- Beide bekommen einen Ball, den sie fest vor dem Bauch halten. Sie spielen „Dicke Ritter". Aus einem zunächst geringen, dann weiteren Abstand laufen sie aufeinander zu und prallen an den dicken Bäuchen ab. Ganz wichtig für dieses Spiel ist eine gute, gepolsterte Absicherung hinten und an den Seiten, denn anfangs fällt es den Kindern schwer, aufeinander zu achten und nur so stark zu schubsen, dass es beiden gelingt, auf den Füßen zu bleiben.
- Danach tut es allen gut, wenn noch einmal eine Entspannungsphase kommt.
- Viel Vertrauen beweisen sich die Kinder gegenseitig beim Ball-Sitzen: Ein Kind sitzt auf dem Ball (erst mit den Beinen nach unten, dann sogar im Schneidersitz), das andere hält es an den Händen und bewegt es zu allen Seiten (ich sichere nach hinten ab). Besonders ehrenvoll ist es für die Haltende, wenn die andere sogar die Augen schließen mag.
- Eine Variante ist die Bauch- oder Rückenlage, wobei dann das eine Kind den einen Arm oder Bein hält und ich die andere Seite.

5.3.4 Tischtennisbälle, Schaumstoffringe, Tücher, Joghurtbecher

Jedes „Gerät" wurde zunächst einzeln erprobt, bevor Verbindungen entstanden.

- Jedes Kind bekommt einen **Tischtennisball** und lässt ihn aufprellen, fängt ihn – wirft ihn hoch, fängt ihn, lässt ihn aus der einen in die andere Hand rollen oder fallen, rollt den Ball zwischen den Handflächen.

- In einen Reifen (damit die leichten Bälle nicht so schnell wegkullern) werden viele Bälle gelegt. Zuerst legen wir die Hände leicht darauf und rollen auf den Bällen, dann kommen die Füße an die Reihe.
- Mit den Füßen versuchen die Kinder, die Bälle hochzuheben.

Abb. 57

- **Schaumstoffringe** (Reste von Rohrumhüllungen z.B.) werden durch den Raum gerollt, sie sollen nicht umkippen (auch verbunden mit Krabbeln).
- Aus den Ringen kann ein Turm gebaut werden – einzeln und auch gemeinsam, der dann mit den Füßen wieder abgebaut wird.
- Alle Ringe werden mit den Füßen, möglichst mit den Zehen, in einen Eimer sortiert.
- Auch auf die Finger lassen sich diese Ringe übereinander schichten und
- dann von der einen Hand auf die andere hinüber gleiten – ist auch eine sehr schöne Partnerübung!
- Und wieder darf das eine Kind das andere schmücken: So steht Silke mit ausgebreiteten Armen aufrecht im Raum (s.

Haltetest!). Marie darf an jeder nur möglichen Stelle einen Ring platzieren. So geschmückt soll sich dann Silke auf den Boden setzen, ohne dass etwas hinunterfällt.

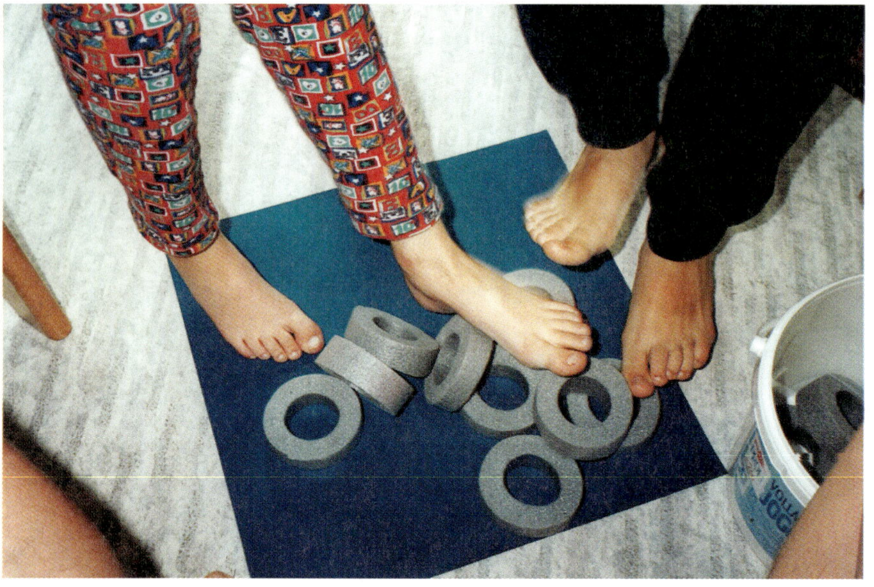

Abb. 58

- Mit **Joghurtbechern** auf dem Kopf durch den Raum gehen, ist sehr schwierig und erfordert eine gute Haltung. Noch schwerer wird es, wenn man sich auch noch hinsetzen soll!
- Auf jeder Hand wird ein Becher gehalten, während die Kinder gehen, sich setzen usw.
- Aus mehreren Bechern wird ein Turm gebaut, der dann vom Boden aufgenommen und an anderer Stelle abgesetzt wird – das ist mit den Füßen noch schwieriger.
- Mit möglichst **quadratischen Tüchern** (Geschirrtücher eignen sich sehr gut) durch den Raum laufen und die Tücher wie Fahnen wehen lassen.
- Bleibt das Tuch vor dem Bauch kleben, wenn man läuft?
- Die Tücher im Sitzen mit den Füßen hochheben, im Stehen ebenso.
- Sich auf das Tuch stellen und versuchen, sich darauf zu drehen, vorwärts zu bewegen, während beide Füße fest darauf stehen bleiben.

- **Verbindungen**:
- Joghurtbecher werden auf dem Boden verteilt. Im Vorbeigehen sollen Tischtennisbälle hineingeworfen werden. Aufpassen, dass sie nicht herausspringen!
- Auf dem Kopf wird ein Joghurtbecher, in dem ein Ball liegt, balanciert.
- In die auf dem Boden stehenden Becher werden die Tischtennisbälle mit den Füßen gelegt.
- Beide Mädchen stehen sich gegenüber, jede hält einen Becher in der Hand. Nun wird damit ein TT-Ball von dem einen Becher herausgeworfen und soll von der anderen mit dem Becher aufgefangen werden. Vorübung dazu: Jede lässt den Ball zunächst im Becher hochhüpfen und fängt ihn auf.
- Die **Schaumstoffringe** werden auf dem Fußboden verteilt. Ein TT-Ball kommt in das Loch. Die Kinder holen ihn mit den Füßen heraus.
- Das Gleiche, aber die Kinder legen sich davor und pusten den Ball weg.
- Jedes Kind hält ein Tuch mit beiden Händen gut gespannt und transportiert darauf einen Ball, ohne dass er hinunterfällt.
- Die Kinder werfen den Ball mit dem Tuch hoch und fangen in auf.
- Ein Tuch für beide Kinder. Das Tuch wird von beiden gespannt gehalten. Der Ball darauf soll zwar hin und her bewegt werden, darf aber nicht hinunterfallen. Auch hierbei macht die Variante, dass sie sich mit dem Tuch hinsetzen und wieder aufstehen sollen, die Sache spannender.

Abschluss einer solchen Einheit ist dann die Aufgabe, aus allem zusammen etwas zu bauen.

Abb. 59

Abb. 60

Abb. 61

5.3.5 Körperschema – Körpergefühl

Immer wieder fällt bei all diesen Übungen auf, wie gut oder wenig die beiden Mädchen ihren Körper kennen und wahrnehmen können. Das zeigt sich auch beim Malen. Aus diesem Grunde baue ich häufig ein **Körper-Legespiel** ein:

1. Mit dem Material einer Rhythmikbox dürfen die Kinder, jedes für sich, einen Menschen legen.
2. Das Gleiche, aber nun legen beide zusammen eine Figur.
3. Ich lege eine Figur. Die Kinder dürfen einen Moment hinsehen, müssen die Augen schließen, während ich alles wieder wegnehme. Dann sollen die Kinder meine Figur nachlegen.

Auffallend war dabei Silkes Unsicherheit. Ihr fiel (selbst als sie ein Band als Haare um den Kopf legen wollte) nicht auf, dass sie die Arme an den Kopf gelegt hatte (Abb. 62a).

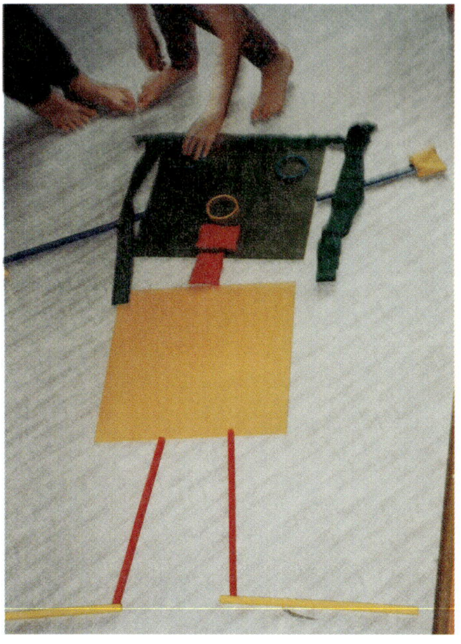

Abb. 62a

Abb. 62b

6. Einfache Regelspiele verändern

Wenn ich Teilnehmerin bei Fortbildungen oder Lehrgängen war, in denen es um den Einsatz von Regelspielen im Rahmen psychomotorischer Übungsstunden ging, stellte sich stets die Frage: „Was kann ich damit bei meinen Kindern machen und wie kann ich es machen?“ Schließlich können sie immer wenigstens einem Teil der Anforderungen nicht nachkommen. Entweder können sie Kommandos oder Zurufe nicht hören, Signale nicht sehen oder sie können nicht laufen. Aufgrund taktiler Wahrnehmungsstörungen mögen sie niemanden anfassen, lassen sich ungern berühren, usw.

Ich habe mir angewöhnt, die Spiele in Einzelteile zu zerlegen und mir zu überlegen:

- Was will das Spiel bewirken?
- Welche Fähigkeiten sind nötig, welche kann es fördern?
- Wie kann ich es so verändern, dass auch stark beeinträchtigte Kinder diese Inhalte kennen lernen.?

Nehmen wir als Beispiel einmal das bekannte **Fangenspiel**.

In diesem Spiel geht es um soziale Kontakte, Reaktionsvermögen, Berührungen steuern und erdulden bzw. ihnen ausweichen, Schnelligkeit, Kondition, Veränderungen des Standortes, Körperorientierung im Raum, Veränderung der Aufgabenstellung (erst Läufer und nach Anschlag Fänger).

In den Spielturnstunden habe ich dieses Spiel je nach den Möglichkeiten der Teilnehmer verändert, indem ich mich auf einige wenige Punkte konzentrierte.
Kamen hauptsächlich Rolli-Fahrer, so blieb für die Kinder noch die Erfahrung von Berührungen, Veränderungen des Standortes, Veränderung der Aufgabenstellung, soziale Kontakte, wenn die Begleitungen auch die Rollis schoben und die übrigen Anforderungen erfüllen mussten.

Kamen Kinder, die nur sitzen und nicht laufen konnten, so setzten wir uns in den Kreis mit einem ca. armbreiten Abstand voneinander und das Fangen bzw. Berühren ging einfach im Kreis herum. So konnten die Sitzenden trotzdem versuchen, dem

Anschlagen auszuweichen. Wer berührt wurde, musste in die entgegengesetzte Richtung wieder abschlagen.

Selbstverständlich ließ sich alles nur mit großem Einsatz der Erwachsenen spielen, denn den Sinn eines Wettkampfes sehen diese Kinder kaum – warum eigentlich auch?

Ähnliche Überlegungen gelten auch für das Verstecken spielen oder auch einige Ballspiele. Verstecken kann man auch im Sitzen und Rutschen unter Decken und Tüchern spielen, Ballspiele ebenso oder wie schon geschildert mit einem festgebundenen Ball.

6.1 Körperschema-Spiele

6.1.1 Ankleide-Puppe

Auf einfache Briefkarten habe ich Kleidungsstücke gemalt: Hemd, Hose, Strümpfe, Schuhe, lange Hose, Pulli usw. Alle Karten liegen verdeckt in der Mitte des Kreises. In einer Wanne liegen die Kleidungsstücke.

Ein Kind darf in die Mitte als Ankleide-Puppe. Reihum nimmt jeder eine Karte auf, sucht das entsprechende Kleidungsstück und zieht es der „Puppe“ an.

6.1.2 Würfel-Spiele

6.1.2.1 In die Wanne

Eine Plastikwanne steht in der Mitte, alle sitzen darum herum. Mit einem Farbwürfel wird gewürfelt (dann können auch die mitspielen, die noch nicht zählen können). Vorher werden die Farben den Körperteilen zugeordnet:
Rot – die linke Hand
Blau – die rechte Hand
Gelb – der linke Fuß
Grün – der rechte Fuß
Je nach gewürfelter Farbe müssen die Kinder ihre Hand usw. in die Wanne legen.
Dieses Spiel verbindet das Farbenerkennen und Geschicklichkeit ebenso miteinander wie das taktile Empfinden und Sozialverhalten – und macht so richtig Spaß, wenn die Wanne immer voller wird.

6.1.2.2 Hände

Ein großes Blatt Papier liegt auf dem Tisch, die Spieler sitzen davor im Kreis. Mitspielen können zwei bis sechs Kinder (mehr als 6 dauert zu lange). Wir brauchen Buntstifte – am schnellsten malen Filzstifte, für die Handmotorik besser sind jedoch Ölmalkreiden – und einen Farbenwürfel.
Die Farben des Würfels sollten auch als Stifte vorhanden sein. Jedes Kind sucht sich eine Farbe aus und malt damit den Umriss seiner Hand mit den Fingern vor sich auf das Blatt.

Wer seine eigene Farbe würfelt, darf einen Finger anmalen. Wer die Farbe eines anderen Kindes würfelt, verbindet seine Hand von einem Finger aus mit der Hand der entsprechenden Farbe.

Gewonnen hat der, dessen Hand zuerst ausgemalt ist.

Abb. 63

6.1.2.3 Füße

Das obige Spiel lässt sich auch mit den Füßen gestalten. Dabei liegt das Papier allerdings im Stuhlkreis auf dem Boden.

Mehr Bewegung entsteht, wenn man einen großen Bogen Packpapier auf den Boden legt und die Verbindungen zu den anderen Farbfüßen durch das Umreißen der eigenen in die entsprechende Richtung malen lässt. Gewonnen hat zwar wieder das Kind, dessen Fuß zuerst ausgemalt ist, aber im Anschluss kann auf dem Blatt sehr schön herumgehüpft werden.

6.1.2.4 Männchen würfeln

Wir brauchen für jedes Kind entweder 13 Zahnstocher oder 10 Schnürsenkel und einen Farbenwürfel (oder auch mit Punkten).

Folgende Regel wird aufgestellt:

> Grün oder 1 Punkt – ein Zahnstocher wird gelegt.
> Rot oder 2 Punkte – ein Zahnstocher muss dem rechten Nachbarn gegeben werden.
> Gelb oder drei Punkte – ein Zahnstocher muss dem linken Nachbarn gegeben werden.

Aus den Zahnstochern soll ein Männchen werden: 4 Teile für den Kopf, je 1 für den Arm, den Körper, die Beine, Füße und Hände.

Wenn Schnürsenkel verwendet werden, ist eine andere Geschicklichkeit erforderlich.

Zahnstocher

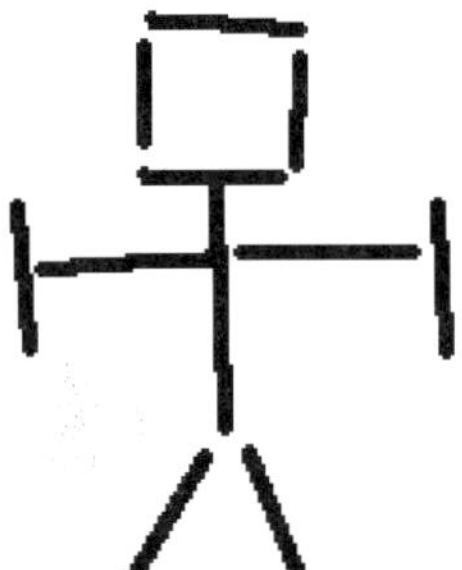

Schnürsenkel

Das Männchen kann auch nur mit Farbstiften erwürfelt werden. Dann gilt, dass bei der Farbe „Weiß" ein Strich in der gewählten Farbe gemacht werden darf, während Rot, Gelb, Grün, Blau, Orange zum Ausmalen von Augen, Mund, Haaren oder Kleidung auffordern.

6.1.3 Figuren nachmachen

- Ein Kind stellt sich als Modell in Positur, die anderen versuchen, mit Springseilen usw. die Figur nachzulegen.
- Ein Kind erfindet eine Figur, die anderen stellen, setzen oder legen sich ebenso hin.
- Ein Kind nimmt unter einer Decke eine bestimmte Haltung an, die anderen erraten sich durch Fühlen und setzen sich auch in der vorher angenommenen Haltung hin.
- Ein Kind liegt auf dem Boden, die anderen umlegen den Körper mit Seilen, Bohnensäckchen, Bällen, Stäben usw. Wenn sie fertig sind, soll das liegende Kind sich vorsichtig aus der Umrandung erheben.
- Zu zweit: Ein Kind liegt und das andere bedeckt den Körper des liegenden Kindes mit unterschiedlichen Materialien, bis nichts mehr zu sehen ist.
- Ein Kind liegt auf dem Bauch. Das andere legt nun auf einen Körperteil z.B. einen Bauklotz. Das liegende Kind soll angeben, wo es etwas spürt.

6.2 Gleichgewicht

- Zwei Kinder sitzen auf je einem Therapieball und versuchen, sich gegenseitig zu schubsen.
- Ein Kind sitzt auf dem Ball, das andere steht und schubst das sitzende Kind vorsichtig hin und her.
- Ein Kind sitzt im Schneidersitz auf einer Decke, das andere oder auch mehrere Kinder ziehen es in Schlangenlinien durch den Raum.
- Ein dickes Tau liegt auf dem Boden. Die Kinder gehen zuerst mit den Innenseiten der Füße am Tau entlang, dann auf dem Tau.
- Das „Vertrauensspiel" (alle im Kreis, einer steht und lässt sich im Kreis herumstoßen).

- Jedes Kind bekommt drei Bierdeckel und muss sich einen Weg damit bauen: Die Füße dürfen immer nur auf den Deckeln stehen!

6.3 Kraft steuern

Hierfür eignen sich besonders Ballspiele mit Bällen von verschiedenen Größen und aus unterschiedlichen Materialien (vom Therapieball über den Medizinball bis zum Tischtennis- oder Papierknäuel-Ball).

- Therapieball zwischen zwei Kindern oder auch im Kreis prellen.
- Mit dem Therapieball sich gegenseitig abrollen oder abtupfen.
- Medizinball rollen
- Auf einen Medizinball einen Tennisball legen, der mit weiteren Tennisbällen abgeworfen werden soll.
- Zielwerfen: mit Tennisbällen durch Reifen, Bilderrahmen, in Eimer, Kartons usw.
- Luftballonspiele aller Art
- Ball über die Schnur (wenn der Ball an einer Schnur hängt, können das auch meine sehbehinderten Kinder).
- Fußball mit einem Wasserball
- „Schneeball-Schlachten" mit Papierbällen

Gerade beim Ballspiel machen die Kinder die Erfahrung, dass nicht die Kraft allein ausschlaggebend ist, sondern die richtige Dosierung.

6.4 Spiele zur Unterstützung im Unterricht

6.4.1 Schreiben

Zum Schreiben wird eine gute Auge-Hand-Koordination und Handgeschicklichkeit benötigt. Die meisten Schreibanfänger verkrampfen sich im Handgelenk und halten den Stift mit solcher Kraft, dass nur eine dünne, zittrige Linie dabei zustande kommt.
Ebenso fällt oft eine völlig versteifte Haltung des Schulter-Kopf-Bereiches auf. Bei Seh- und/oder Hörstörungen kommt es fast immer zu Fehlhaltungen. Mit meinen Angeboten möchte ich den Kindern zu mehr Lockerheit und Entspannung verhelfen.

6.4.1.1 Katz und Maus als Fadenspiel

Auf dem Spielplatz oder einer Grünfläche, auf der einige Bäume nicht zu weit entfernt voneinander stehen, verspannen die Kinder abwechselnd von einem dicken Knäuel Schnüre (gut eignen sich Bootsschnüre). So entsteht ein eingezäuntes Feld. Wenn die Schnüre nur in Höhe der Oberschenkel gespannt werden, haben die Kinder zwei Möglichkeiten, diese zu überwinden: Unten durch oder oben drüber. Denn jetzt wird eine Katze und eine Maus bestimmt, aber nur die Maus darf in die Mitte. Damit es nicht zu schnell geht, machen wir vorher aus, wie viele Umrundungen gelaufen werden sollen. So kann das Spiel auf die jeweiligen Fähigkeiten der Kinder abgestimmt werden.

6.4.1.2 Wettwickeln

Auch draußen zu spielen (natürlich auch drinnen um Tischbeine usw.): Jeweils zwei Kinder bekommen ein Wollknäuel. Ein Kind wickelt es ab und um Bäume oder andere Hindernisse herum, das andere wickelt alles ab und darf dann einen anderen Wickelweg suchen.

6.4.1.3 Mäuserennen

Jedes Kind bekommt einen Stock oder Bleistift, um den eine Schnur aufgewickelt ist. Am Ende der Schnur hängt eine Pappmaus (ein Auto usw.). Alle Mäuse werden auf eine Linie gesetzt und nun müssen die Schnüre so schnell abgewickelt werden wie möglich. Wer an der gegenüberliegenden Seite angekommen ist, hat gewonnen – aber dann geht es anders herum: die Schnur muss wieder aufgewickelt werden, dessen Maus als erste ankommt, hat gewonnen.

6.4.1.4 Finger sortieren

Der Therapieball liegt in der Mitte des Stuhlkreises und wird durch die Beine gehalten. Nach dem Lied „Jonny taps with one finger“ gebe ich das Tempo vor: „Alle tippen mit dem Daumen, dem Daumen, dem Daumen ... und dann mit der Faust!“ So kommt ein Finger nach dem anderen an die Reihe. Wem es nicht gelingt, den gewünschten Finger einzeln zu bewegen, darf mit den Fingern der anderen Hand die „falschen“ Finger festhalten.

Ein Blatt Papier und einzelne Fingerfarben stehen auf dem Tisch. Wir sitzen im Kreis. Ähnlich wie oben tippen die aufgerufenen Finger in die Farbe und tapsen so lange auf dem Blatt herum, bis der nächste Finger aufgefordert wird.

6.4.1.5 Pinzettengriff

Wir brauchen eine flache Dose mit einem kleinen Loch in der Mitte, durch das eine getrocknete Erbse (Muggelstein, Perlen o. ä.) passt und einen kleinen Holzkreisel.

Der Kreisel wird auf dem Tisch gedreht. So lange er sich dreht, müssen nun die Erbsen in das Loch gesteckt werden. Ist das Drehen zu Ende, werden die Erbsen gezählt. Das nächste Kind ist an der Reihe.

6.4.1.6 Buchstaben erkennen

Wir haben Bleischnüre in unterschiedlichen Längen. Ich forme mit meinen Lippen einen Buchstaben. Die Kinder versuchen, ihn mit den Schnüren zu legen. Ein Kind nach dem anderen zeigt dann einen Buchstaben. Um alle Möglichkeiten auszuschöpfen, kann der Buchstabe auch durch das Handalphabet oder in einem Text gezeigt werden.

Auch mit den Füßen kann die Schnur gelegt werden. Dann sind dabei auch noch das Gleichgewicht und die Muskulatur gefragt.

6.4.1.7 Themen-Würfel-Spiele

Bei diesen Spielen wird vom „Ernst" des Schreibens und Malens abgelenkt und die Auge-Hand-Koordination geschult.

Aus allem, was in der Gruppe passiert, kann man ein solches Spiel machen. Lediglich Papier, Malstifte und ein Würfel sind nötig.

6.4.1.8 Gruß an einen Kranken

In die Mitte des Blattes wird das Krankenbett gemalt. Jedes Kind malt an seinem Platz eine Blume. Nun wird gewürfelt und in der gewürfelten Farbe wieder eine Blume in Richtung Krankenbett gemalt. Die Dauer des Spieles können die Kinder selbst bestimmen.

Abb. 64

6.4.1.9 Wir fahren nach Hause

In die Mitte des Blattes malen wir unser Schulhaus. Jedes Kind malt an seinem Platz sein Haus in einer gewählten Farbe des Würfels. Würfelt es seine eigene Farbe, darf es sein Haus ausschmücken – das reicht von Türen und Fenstern bis hin zu Mama und Papa und Hund. Würfelt es eine andere Farbe, so malt es den Weg zu dem entsprechenden Haus.

Abb. 65

6.4.1.10 Ostern

In die Mitte des Blattes wurden ein Hase, ein Ei, eine Blume, Gras gemalt in je einer Farbe des Würfels. Jedes Kind hat sein Haus vor sich hin gemalt. Würfelt es die Farbe des Hasen, darf es einen Hasen neben sein Haus malen usw.

Abb. 66

6.4.2 Rechnen

Wie auch beim Schreiben lernen, lässt sich die Scheu vor den Zahlen durch Bewegung und Spiel abbauen. Die bereits erwähnten Spiele zum Schreiben, die mit dem Würfel gespielt werden, tragen auch dazu bei, wenn man einen Punkte-Würfel benutzt.

6.4.2.1 Wie viele passen in ein Haus

Auf dem Boden verteilt liegen Reifen. Die Kinder laufen herum und stellen sich in der aufgerufenen Anzahl hinein. Weitere Möglichkeiten: Wie viele Hände, wie viele Füße usw.

Das gleiche, aber nun sollen Filmdosen oder Bälle usw. hineingelegt werden.
Zuerst lediglich zum Zählen, später auch zum Plus und Minus rechnen.

Auf kleinen Blättern, die auf dem Tisch liegen (für mehr Bewegung besser auf dem Boden) sollen Filmdosen oder anderes als

Zahl gelegt werden. Vorgabe der Zahl geschieht durch Finger oder Punkte.

Auch Treppenstufen eignen sich hervorragend zum Rechnen! „Geh drei Stufen hinauf und zwei Stufen hinunter – wie viele sind vor dir?“ (Ganzkörper-Bewegung). Wenn auf die Stufen etwas gelegt wird, beschränkt sich die Bewegung und die Wahrnehmung auf Füße, Hände, Augen usw. Das Feld wird übersichtlicher.

6.4.2.2 Zahlenkinder

Jedes Kind erhält eine Zahl als Namen (von 1 – 6). Es wird reihum gewürfelt. Die Zahl, die erscheint, darf irgend etwas tun, was die anderen nachmachen müssen.

6.5 Sprachanbahnung, Sprachförderung

Um es vorweg zu nehmen: Für mich als Erzieherin und Motopädagogin bei behinderten und taubblinden Kindern ist die Körpersprache und vor allem die Gebärdensprache eine gleichwertige Sprache. Auch diese Sprache braucht ähnliche Voraussetzungen wie die verbale Sprache, nämlich den Wunsch, sich einem anderen Menschen mitzuteilen, seine Gefühle und Wünsche ausdrükken zu wollen und vor allem den Dialog. Man muss sein Gegenüber wahrnehmen, es ansehen, sich bemerkbar machen, wenn man mit ihm reden will. So hindert ein Kind, das Berührungen vermeidet, schon allein diese Tatsache am Kontaktaufnehmen. Hier wäre der erste Schritt einer Sprachanbahnung die Förderung der Wahrnehmung von Berührtwerden und Berühren. Ein Kind, das blind ist, muss lernen, verbal oder ebenfalls durch Berührung auf sich aufmerksam zu machen. Ein gehörloses Kind wird sich auch durch Berührung und das Ausrichten seines Blikkes bemerkbar machen. Und bei jeder Sprache ist das Zusammenspiel von Wahrnehmung und Muskulatur nötig.

Bei nichtsprechenden Menschen fallen oft ein starrer Gesichtsausdruck und wenig Gesichtskonturen auf. Durch das Sprechen werden sehr viele Muskeln des Gesichts, des Hals- und Nackenbereichs beansprucht, so dass sich auf jedem Gesicht entsprechende Züge ausprägen. Schlaffe oder ungeübte Gesichtsmuskulatur führt zu schlechter und undeutlicher Sprache (das wird bei

Schlaganfallpatienten ganz deutlich). Ich versuche spielerisch diese Muskulatur zu schulen.

Pusten

Zwei Kinder sitzen sich am Tisch gegenüber. Durch ein Klebeband wird die Fläche halbiert. Die Kinder pusten einen **Wattebausch** hin und her – oder auch mehrere (wieder eine Variante von „Haltet den Garten frei").

Das gleiche, aber mit **Tischtennisbällen**. Die Bälle können in einen Rahmen aus Hölzern gelegt werden, damit sie nicht vom Tisch kullern. In diesem Rahmen ist an einer Seite eine Öffnung, durch die die Bälle hindurch gepustet werden sollen und in einen Eimer, der auf dem Boden steht, fallen können.

Abb. 67

Bei Jan und Silke z.B. veränderte ich die Position, indem beide Kinder sich auf dem Boden gegenüber lagen, die Hände fassten und dann den Ball, die Bälle aus der Bauchlage pusteten. Das kam ihrem Sehvermögen entgegen. Wenn sie am Tisch saßen, verschwand der Ball aus ihrem Gesichtsfeld und sie pusteten einfach von oben auf die Fläche.

Viel Spaß macht auch das **Bilderpusten mit Tusche.** Ein großes Blatt wird auf den Tisch gelegt. Darauf kommt ein Klecks recht flüssiger Tusche. Alle Kinder pusten die Farbe über das Blatt – ein weiterer Klecks usw.

Abb. 68

Für hörende Kinder (aber auch unsere fast gehörlose Marie) ist es lustig, **Melodien und Rhythmen** zu blubbern. Eine Schale mit Wasser steht zwischen den Kindern. Jedes hat einen Trinkhalm und blubbert damit und die anderen versuchen das Lied zu erraten. Beim Schwimmen kann man das auch gut versuchen. Dann aber mit dem Mund unter Wasser. Die anderen legen ein Ohr auf die Wasseroberfläche.

Lippengymnastik

In einer Schale mit Wasser schwimmen dünne Apfelscheiben, die mit den Lippen herausgefischt werden sollen.

Aus einem flachen Teller mit Mehl sollen Gummibärchen mit den Lippen geholt werden.

In diesem Zusammenhang möchte ich auch auf das **Ablecken** von Rührlöffeln beim Kuchenbacken, Kaugummi kauen, Bonbon lutschen und Mund ablecken hinweisen! Auch das Anlecken der gummierten Rückseite beim Basteln mit Buntpapier ist eine Zungengymnastik.

Der **Grimassentanz** von fidula fon macht auch viel Freude: Er ist so aufgeteilt, dass zur Musik alle im Kreis herum tanzen und zur Pause ein Kind in die Mitte geht und eine Grimasse schneidet.

Gefühle und Geschichten pantomimisch ausdrücken: Dazu rege ich gern mit erfundenen kleinen Geschichten an, die ich einfach abbreche und frage: „Was dann?“ Die Kinder nehmen das zum Anlass, auf ihre Weise weiterzuerzählen.

Märchenbücher ansehen, erzählen und spielen: Gerade „meinen“ Kindern hilft es zur Entwicklung und Förderung der Phantasie, wenn wir Märchen in Rollenspielen nacherzählen. Dazu werden meistens auch Handpuppen benutzt, aber am liebsten schlüpfen die Kinder selbst in die Figuren.

Meine jetzige Kindergruppe setzt sich zusammen aus zwei gut sprechenden Kindern, denen lediglich noch ein breiteres Vokabular fehlt, einem sprechenden Kind, das aber durch spastische Störungen Mühe hat, einem Kind mit einem Cochlear implant, das zwar offensichtlich Wörter hört und oft versteht, aber erst beginnt, das Gehörte lautlich umzusetzen, und einem Kind, das hochgradig schwerhörig, fast taub ist, aber zu sprechen gelernt hat. Diese Sprache können aber nur Eingeweihte gut verstehen. Marie unterstreicht ihre Sprache mit Gebärden.

Wenn diese Gruppe ein Rollenspiel beginnt, erfüllt mich das mit Hochachtung. Jedes Kind versucht, auf den anderen einzugehen und sich verständlich zu machen. So hat inzwischen Silke viele Gebärden von Marie gelernt, während Marie sich auf Silkes Aufforderung hin bemüht, deutlicher und immer wieder zu sprechen. Jan zeigt eine Engelsgeduld, wenn ihm Sophie mühsam etwas erklären will und Sophie lässt nicht locker, wenn sie zu Wort kommen möchte. Selbst Katja bemüht sich immer öfter, ihre Wünsche zu lautieren.

Gerade diese Gruppe zeigt mir, wie eng die Persönlichkeit des Menschen mit seiner Ausdrucksfähigkeit zusammenhängt.

Abb. 69

7. Schluss

Zu Beginn dieses Buches nannte ich die Psychomotorik „einen Weg **zum** behinderten Kind“. Ich hoffe, dass es mir gelungen ist, aufzuzeigen, dass sie auch ein Weg **für** das Kind ist, auf dem es ein Stück seines Lebens gehen kann. Auf dem es für das Kind möglich ist, seine Persönlichkeit erleben zu können und die Erfahrung zu machen:

- Ich kann vieles allein.
- Ich bin angenommen.
- Ich kann ohne Gefahr mein Schneckenhaus verlassen.
- Ich bin nicht allein.
- Ich werde gehört, gesehen und verstanden.

Mir macht es immer wieder neu Freude, diesen Weg mit einem Kind zu suchen, zu finden und zu gehen.

Bewusst habe ich sogenannte Fachbegriffe vermieden. In der letzten Zeit fällt mir verstärkt auf, dass die Wissenschaft sich der Psychomotorik angenommen hat und die Sprache sehr mit wissenschaftlichen Begriffen durchsetzt ist. Sicher ist es sehr zu begrüßen, weil ohne Wissenschaftlichkeit die Bedeutung eines Gebietes nicht klar heraustritt. Da die Psychomotorik einen fast nicht fassbaren Umfang an Möglichkeiten für den gesamten Menschen bietet, ist die Forschung darüber und die Verbreitung der Schwerpunkte in der Pädagogik ungemein wichtig.

Ich möchte mit meinem Beitrag deutlich machen, wie lebendig und breit gefächert das Gebiet der Psychomotorik sein kann, wenn es ge- und erlebt wird. Dann ist es nie ein bloßes Arbeiten, sondern ein ständiges Geben und Nehmen für alle Beteiligten.

Literatur

Balster, Klaus: Kinder mit mangelnder Bewegungserfahrung, 1 – 3 Sportj. NRW 1998

Böke: Lernspiele – fidula fon 1972

BSN Behinderten Sportverband Niedersachsen: Handbuch Rehabilitationssport – Lehrbrief Motopädagogik – Akademie für Motopädagogik, Lemgo

Doering, Waltraut u. Winfried: Sensorische Integration – borgmann publishing, Dortmund 1996

Kesper: Mototherapie bei sensorischer Integrationsstörung – Ernst Reinhardt, München 1992

Kiphard, Ernst J.: Psychomotorik in Praxis und Theorie – Flöttmann, Gütersloh 1994

Köckenberger, Helmut: Bewegungsspiele mit Alltagsmaterial – borgmann publishing, Dortmund 1999

Mertens, Krista: Lernprogramm zur Wahrnehmungsförderung – verlag modernes lernen, Dortmund 1991

Ohlmeier, Gertrud: Frühförderung behinderter Kinder – verlag modernes lernen, Dortmund 1997

Passolt: Hyperaktive Kinder – Ernst Reinhardt, München 1997

Pütz, Günter (Hrsg.): An Wunder glauben – borgmann publishing, Dortmund 1998

Rusch/Größing: Sport mit körperbehinderten Kindern, Hoffmann 1991

Rücker-Vogler: Yoga und autogenes Training mit Kindern. Don Bosco, München 1991

Shava Shelhav-Silberbusch: Bewegung und Lernen – Feldenkrais-Methode – verlag modernes lernen, Dortmund 1999

Strassmeier: Frühförderung konkret – Ernst Reinhardt, München 1992

Wolf: Spielend fit – Herder, Freiburg 1986